ユーモア先生起死回生の旅

佐野イチロー著

日本教文社

はしがき

マサカという坂は、前触《まえぶ》れもなく訪れると聞いていましたが、イザ現実に遭遇《そうぐう》するとちょっとばかり戸惑いました。

話は昨年の春ごろに遡《さかのぼ》りますが、何かの会合の帰り、日本教文社の役員の方々と一緒になりコーヒー歓談となりました。その時、

「佐野先生、そろそろ、あの『ユーモア先生行状記』の続編を書かれてはどうですか？」

と切り出されたのです。

本当なら〝待ってました〟と飛びつきたい処《ところ》ですが一瞬の躊躇《ちゅうちょ》がありました。

何故なら『ユーモア先生行状記』を書いた当時は、まだ青年期から壮年期の頃で、性《せい》、

あくまでも純なれど、行為はハチャメチャ破天荒《はてんこう》。話材に事欠《ことか》かなかったからデス。

しかし、歳月はそんなボクにも、知性と教養を身につけさせ？　軽率から重厚？へと霊的変換《へんかん》を迫りました。従って前編のような、奇行《きこう》、蛮行《ばんこう》に事欠き話材が無くなったのであります。

ところが役員の皆さん、異口同音《いくどうおん》に、

「それは杞憂《きゆう》デス。お見受けする処、決して御自身が確信しておられるほどの魂の変革があったとは思えません。まだまだ、その地《じ》で行けます。大丈夫、頑張って下さい」

等と変なハゲマシ方《かた》をするんです。

そこで心境的には、〝嬉しさも中ぐらいなり、オラが春〟といった感でしたが、気を取り直してペンを執《と》りました。そんないきさつもあって、前編の〝行状記〟に比べて、幾分、短編の偶感的《ぐうかんてき》内容となりましたが、〝面白さ〟という意味では、いずれが菖蒲《あやめ》か杜若《かきつばた》、甲乙つけがたき名（迷）著であります。笑いを求める老人ホームや、入院見舞いに活用戴《いただ》ければ幸いデス。

最後に、この『ユーモア先生　起死回生の旅』出版に当り大変尽力《じんりょく》を戴いた日本教文社第二編集部部長の田口正明氏と、編集担当の長谷部智子さんに満腔《まんこう》の感謝を捧げます。お陰さまデシタ。

——如是《にょぜ》合掌——

平成十九年の春三月

有難いことにこの『ユーモア先生 起死回生の旅』も再版となりました。全国ユーモア愛好家の読者に心から感謝します。

ところで、かねてより読者の方々から、〝第五章は何故Q＆Aなんですか？〟との質問がありました。ボクとしては、特に深い根拠《こんきょ》がある訳ではなく〝異類同根的《いるいどうこんてき》〟発想だったに過ぎません。そこで〝しからば……〟ということもあって、そのQ＆Aに変えてこれまで「飛田給」（本部練成道場で毎月出している情報誌）に書いてきた「偶感」の中から数点を選び、改訂版として出版することになりました。どうぞ宜しく！

平成二十一年九月

佐野イチロー

目次

はしがき　1

第一章　**吾が人生を輝やかしめんの巻**　7

吾が芸術鑑賞の記　8
北の大地に見た珠玉の涙　17
旅先にて　24
凜として静香なり　28
下を向いて歩こう！　33
人生逃げるが負け　37

第二章　**真理は生活にありの巻**　49

二十四年振りの故郷　50

忘却とは忘れ去ることなり　57
吾れ忙中に観ありゝ　61
目から鱗が落ちた　69
吾が愛しきいちじく物語　78
聖地・とびたきゅうの朝　83
超、悦んで！　90

第三章　為さねばならぬ使命があるのだ！　の巻　95

黄昏《たそがれ》の越前路に想う　96
出世払い　105
三千人の聴衆　115
憧れの肺病航路　120
三迷を脱し天命を知る　128
吹雪の函館空港に佇《た》つ　138

第四章　**起死回生の旅の巻**　143
起死回生の記　144
第五章　**ユーモア先生偶感の巻**　159
初め善ければ……　160
別府正大先生を偲ぶ　163
春告鳥に問う　167
うぐいす殿に謝す　170
ボクには魂の故郷が二つある　173
もう一つの使命？　177
うちのカミさん　183
上げてよかった！　188
夏みかん　192
現代、救急車事情　195

第一章　吾が人生を輝やかしめんの巻

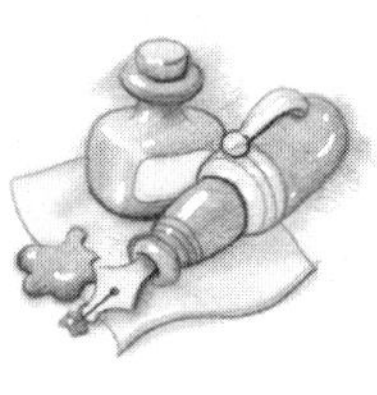

吾が芸術鑑賞の記

去る年、去る月の下旬、使命を戴いて群馬の練成会に出講した。ボクの心境が良かったのか、はたまた季節が良かったのか、上州名物の空《から》っ風《かぜ》は〝ソヨ〟とも吹かず、穏《おだ》やかな日々であった。

それに、もう一つの名物、〝嬶天下《かかあでんか》〟の方もすっかり鳴りをひそめ、
「今はむしろ、都会の女性の方が、よっぽど嬶天下じゃないでしょうか」
とは、地元の人達の弁《べん》であった。

さて、肝心《かんじん》の練成会の方だが、一年振りの出講ということもあってか、見覚えの

ある人々がワンサと押し寄せ？　話の内容も概《おおむ》ね好評であった。（本人が言うのだから、先ず間違いはナイ？）

閉会式も終り、部屋でくつろいでいると大槻健晴《おおつきたけはる》教化部長（当時）がやって来て、

「先生、時間があるのでお礼に美術館に御案内しましょう」

と言う。

グルメ心はあっても、絵心《えごころ》など露ほども無いボクは迷うことなく、

「美術館はいいよ」

と断った。すると、何でもプラス思考の大槻教化部長は、

「ハアー、〝いいよ〟という事は、〝行ってもいいよ〟という事ですネ」

と、たたみかけてくる。

「いいや、〝行かなくてもいいよ〟ということさ」

と重ねて断ったが、

「へえー、〝行かない？〟。でも、あの富弘《とみひろ》美術館ですよ。あの富弘！」

と、盛んにあのと富弘を交互《こうご》に連発《れんぱつ》する。

本部講師という仕事柄《しごとがら》、コトバの力というものは十二分に熟知《じゅくち》しているつもりだが、改めて思い知らされたのは、あのというコトバの威力《いりょく》である。

文字にしては、たった二字の連体詞ではあるが、これが決してバカに出来ない。何故《なぜ》なら、あのというコトバの裏には、〝なーんだ。貴方《あなた》、そんな事も知らないの？　遅れてるねー。普通の人なら誰でも知ってる事だヨ！〟と言わんばかりの語意がヒシヒシと伝わって来るからでアル。

喩《たと》えば、「あの小泉首相が……」とか、トリノオリンピックで、日本唯一《ゆいっ》の金メダリストに輝いた「あの荒川静香《しずか》選手が……」というように、あのという語句には、何だか世の常識を問われているような感じがするから不思議である。そして止《とど》めは、

「マサカ、先生ほどの博学《はくがく》が、よもやあの星野富弘《ほしのとみひろ》美術館を知らない訳ありませんよネ」

という心臓グサリの殺し文句であった。

ホントのところは、そのマサカであり、そのよもやの知らない訳があり過ぎるほ

どアル方なのだが、〝先生ほどの博学が……〟という絶妙《ぜつみょう》の殺し文句に幻惑《げんわく》されて今更《いまさら》、〝知らぬ存ぜぬ。見た事も聞いたことも無い〟等とは、とてもじゃないけど言いづらい状況になっていた。

結局は大槻部長の、

「なあーに、駅から数分ばかりの所ですから……」

という街の不動産屋みたいな誘い文句に促《うな》がされ、シブシブ重い腰を上げたのだが、それから何と、一時間半も掛かる、山間の僻地《へきち》にそれはあった。余り遠かったので、

「駅から数分と言ったじゃない」

と、口を尖《とが》らせたら、

「出発地の高崎駅からではなく、美術館近くの○○駅からという意味です」

と澄ました顔で片づけられた。これだから口の巧《うま》い者には油断がならない。

着いてみれば富弘美術館、美しい自然に囲まれた瀟灑《しょうしゃ》な建物であった。それに土、日や祭日でもないというのに、広い駐車場は観光バスやマイカーで一杯なので

ある。〝へえー〟とばかり認識を改め、館内に一歩足を踏《ふ》み入れて二度ビックリ。ボクが知っているこれまでの美術館とは、まるで様子《ようす》が違うのである。

何がどう違うかと言えば、絵の前に佇《たた》ずむ人々の滞空《たいくう》時間？ が長いのと、絵と向き合っている人達の表情が違うのだ。

普通、絵画とか彫刻といった芸術作品を鑑賞《かんしょう》する場合、その真価が分る人は別として、余り分りそうにも無い人達までが、〝フム、フム〟と頷《うなず》きながらその癖、足早に通過するのを常とする。

かく言うボクなどもそのフム、フム族の代表で、顔と口は尤《もっと》もらしく感動しているのだが、どういう訳か足の方がスタスタと作品の前を通過してしまい、〝アッ〟という間に吾が芸術観賞はいつもジ・エンドとなってしまう。

それにも拘《かかわ》らず、ここの観賞族は違うのだ。一つの作品の前で、十分も二十分もジーッと動かない人、ためつすがめつ味わっている人、中には感動のあまりか眼を潤《うる》ませている人もいるではないか。何故に？

しかし、その疑問は〝星野富弘展とその由来《ゆらい》〟のパンフレットを読んで初めて納得した。まず、この富弘美術館の作品はその殆《ほとん》どが花の絵に詩を添《そ》えた詩画《しが》展である。だから観賞に来た人々は、その花絵《はなえ》もさる事ながら、ポツンと無造作《むぞうさ》に書かれたその詩に心打たれて涙ぐむのであろうか。

何でも、この星野富弘さんという人は、小さい頃から器械《きかい》体操に憧《あこが》れ、地元の群馬大学に入って体育科を専攻したが、卒業後は高崎のある高校に念願の体育教師として就職した。

しかし不運にも、体育の授業で飛び箱の模範《もはん》演技をしている時、着地に失敗して頸椎《けいつい》を骨折《こっせつ》。手足はおろか身じろぎひとつ出来ぬ重度の身障者となったのである。

それからというものは、富弘さんにとって地獄のような日々が続いたという。それまでは病気一つした事も無く、体力には絶対の自信を持っていただけに、人の手を借りねば、食べる事も寝ることも叶《かな》わず、本当は親にだってして貰いたくない排泄《はいせつ》の始末まで頼まなくては生きていけない現実に唯々《ただただ》、打ちのめされる日々であった。

そんな或る日のこと。絶望感から一時は自殺まで考えていた富弘さんに、先日退院したばかりの一人の少年から依頼《いらい》の電話が掛かって来た。

それは退院記念に皆んなに寄せ書きを頼んだが、一人欠けても意味が無いので富弘さんにも是非書いて欲しいという難題であった。同室の他の患者さん達は、目も悪く無ければ手足が悪い訳では無いから皆それぞれ、〝頑張れ〟とか、〝忍耐〟とか、思い思いのコトバを書き込んでいたが、自分の意志では身動き一つ出来ない富弘さんにとって、それは超《ちょう》ムチャクチャな注文であった。

しかし、生来《せいらい》心優しい富弘さんは、少年の願いを無下《むげ》に断る訳にいかず、結局は母親に支えられながら口に筆をくわえ、力を振り絞《しぼ》ってサインらしきものを記す事が出来たのであった。

それから数日後、それを独力で書いたと勘違《かんちが》いをした少年から、感謝、感激の電話が掛かって来たのである。九十九パーセントは母親の力を借りたサインだったので、甚《はなは》だ後ろめたい思いの富弘さんであったが、実はこの出来事がその後の彼の運命を地獄から天国へと変えていくのであった。

実は富弘さん、あの事故以来、劣等感《れっとうかん》の虜《とりこ》となっていた。その辺《あた》りの虫ケラだって目標があれば這って動いてそれをなす。それに比べて今の自分はそれさえ出来ぬ生ける屍《しかばね》、虫ケラ以下だと落ち込んでいた。そんな自分のサインを楽しみに待ち、それが届いたといってこんなに喜んで電話してくれる人が居た。この事実は、富弘さんの生命力復活に物凄《ものすご》い影響力を与えたのであった。

それから富弘さんの血のにじむような努力が始まった。とにかく、意志の伝達としての文字を書けるようになろう。手が動かないから筆は口にくわえるより外《ほか》はない。そこで口にくわえてみたが、今度は首が勝手に左右に動いて安定しない。それがようやく安定するようになったが、くわえた口先に力が入らないから筆先がフラついて字にならない。字にならないから思い切り強く噛《か》むと出血著《いちじる》しく、口内血《こうないち》だらけの惨《さん》たる有様《ありさま》であった。

そんなこんなで苦節《くせつ》数年、金釘流《かなくぎりゅう》のカタカナから平仮名《ひらがな》へ、そして更に漢字へと進み、今や健常者が赤面する達筆《たっぴつ》で詩画を描《えが》く。それは至芸《しげい》といってもよく、驚嘆《きょうたん》の外は無い。

この富弘美術館観賞で今更の如き痛感は、現象無常と肉体人間の無力。そして逆に亦《また》、霊的人間に内在する無限の可能性であろうか。
最後に、ボクが最も感動した絵と、その絵の横に書かれていた一篇の詩を紹介したい。

ペンペン草

神さまがたった一度だけ
この腕を動かして下さるとしたら
母の肩を叩かせてもらおう
風に揺《ゆ》れるペンペン草の
実を見ていたら
そんな日が本当に
来るような気がした

北の大地に見た珠玉の涙

仏教の教えの中で、〝同悲、同喜の心〟というコトバがあります。その意味は、読んで字の如く、〝悲しみを同じくし、喜びを共有する〟ということなんですが、このコトバ、実行するとなると結構奥が深そうなんです。まず最初の同悲の心ですが、人の憂《うれ》いを吾が憂いとし、人の悲しみを自己の悲しみとする。だから時には肩を寄せ合い、手を取り合って涙することだってあるでしょう。

とりわけ、情《じょう》あくまで厚く〝愛の権化《ごんげ》〟等と呼ばれているボクなどは、相談受けては涙ウルルということが多々あるのデス。

しかし、よく考えてみると、人間として人の悲しみ、心の痛みが分り涙するということは、とても大切な事だとは思うのですが、そんなに至難《しなん》のことではありません。ましてや、信仰を持っていれば尚更《なおさら》のことです。

何となれば、人の逆境《ぎゃっきょう》に同情出来るということは、まがりなりにも今、自分が幸せな立場にあるからだと言えるからです。

もう少し意地の悪い見方をすれば、自分の方がまだ、相手の人より幸せであるというある種の優越感《ゆうえつかん》が同情を誘うという部分もあり得るからです。

それが何より証拠には、自分自身が今、不幸のどん底に呻吟《しんぎん》していると中々、人の幸、不幸に関《かかわ》り合う余裕など湧いてきません。でも、稀《まれ》には、〝他人の不幸は吾が身の不幸〟とばかり、不幸を共有して一緒に泣いてくれる愛深い人も居ますが、数少ない奇特《きとく》な人でしょう。

それに比べて〝同喜の心〟は、中々ハンパじゃ持てません。もし、これが出来る人が居れば、よほど魂の高い、至高《しこう》の人と言えましょう。何故なら、自分が未《いま》だ幸せ至《いた》らざる先に、他の幸せを喜び、自分が喰うや喰わずとも、富を得た人の僥倖《ぎょうこう》を喜び、自己が未だ病床に伏《ふ》しつつも、友の本復《ほんぷく》を悦ぶという至高の愛だからであります。

その本の題名も著者も忘れましたが、こんなことが書いてあり、とても感銘しました。

〝人は誰でも自分がとてつもない喜びとか、或いは亦《また》、大きな感動に巡り合ったとき、一刻も早くそれを誰かに伝えたいと思うものデス。それは多分、吾々人間本性の中に、同悲、同喜の心というものが存在しているからだと言えるでしょう。

しかし、それらの喜びや感動を、自分の感性と同じように他に伝えるということは、とても難しいことでもあります。何故なら、人というものは、文字通り十人十《と》色《いろ》、育った環境や受けた教育、亦、それらの上に形成された性格等が夫々《それぞれ》に違うのですから、受ける感動も違っていて当り前という事になります〟

成る程と分っちゃいるけど止められない、止まらない、だから尚《なお》のこと、それを誰かに伝えたいと願うのが、人間の業《ごう》というものではないでしょうか？　実は何をお隠し致しましょう。ボクも今、そういう止むに止まれぬ心境でペンを執《と》っているのデス。

それは今から何年も前の夏のことでした。帯広での講演を終えたボクは、次の講演地である北見に向かっていました。いえ、もっと正確に言えば、北見に向うべくＪＲ帯広駅に着いたところでした。

なんでも足寄《あしょろ》という駅までいけば、親友でもあり、信友の高倉俊治教化部長（当時）が、愛車を駆《か》って迎えに来てくれるとかで、買ったばかりの切符を手に改札口からホームへと向いました。

聞けば新装成ったこの駅舎、この夏ボクの講演旅行に間に合わせるべく？　日に夜を継いで完成したとかで、その偉容はまるで、東京駅の新幹線ホームでは……と見紛《みまご》うばかりの豪華さで、誠に目を見はるばかりでした。しかし、事件はその時起こったのデス。

それは、長い長いエスカレーターで、ほぼ半ば頃まで昇ってきた時のことです。突然ボクの後ろの方で何やら〝アーッ〟という悲鳴が起りました。何事ならんと振り返って見ると、両手に一杯の荷物を持った老婦人が、まるでスローモーション・ビデオでも見るように、ゆっくりと仰向けに倒れて行くところでした。

するとその二、三段ぐらい下に立っていた中年の女性も亦、将棋倒《しょうぎだお》しの法則（そんな法則あったかしら）に従って、仲良く折り重なって辷《すべ》り落ちて行ったのであります。

そのとき、ボクの直ぐ上にいた母娘《おやこ》とおぼしき二人連れの女性が〝キャー〟という絹を裂《さ》くような悲鳴と共に、

「誰かぁー、誰か助けてぇー、エスカレーター停めてぇー」

と、まるで自分のことのように声を限りに叫ぶのですが、生憎《あいにく》この日はウィークデーの午後、人はまばらだし、何処《どこ》に居るのか駅員の姿も見当りません。

さて、辷り落ちていった件《くだん》の二人は？　と、小手《こて》をかざして遙《はる》か下を眺むれば、もう終点まで辷り落ちている様ですが、何さま頭を下にして、いわゆる逆《さか》さまの状態で辷り落ちているものですから、中々起き上ることが出来ず、依然として止まらないエスカレーターの動きに合わせて、手足バタバタ、頭コックン頷《うなず》きながらまだ寝ている？　のでした。

勿論《もちろん》、〝温情百パァー、仏の佐野〟と言われるボクの事ですから、いたずらに拱手《きょうしゅ》傍観《ぼうかん》していた訳ではありません。〝義を見てせざるは勇なきなり〟とばかり、持ったるお土産バッタと打ち捨て（お陰で買ったばかりの卵の薫製《くんせい》が全滅し、向う三カ

月ほど夢にまで出て来た）昇りくる階段を三段飛びに逆走して駆け降りたのですが、豪華新装駅舎にしては一人分の幅しか無い狭いエスカレーターなんです。

おまけに頭を下にしてずれ落ちている関係で、足が上にあり（当然）その足も苦しまぎれにバタバタ打ち振るので、飛び越えることも出来ず、〝どうする、どうする〟と地団駄《じだんだ》を踏むばかりでした。

そうこうしている中に〝ドーン〟という大音響がして、やれ嬉しやエスカレーターが停止しました。どうやらあの母娘《おやこ》が、上にある非常ボタンを見付けて押してくれたようです。そこへ、あわてて駈けつけてきた駅員が抱き起し、ようやく二人は救出されたのです。

しかし、何たる不思議、あれほど派手に倒れ、長い道程《みちのり》？を滑落《かつらく》していったにも拘《かかわ》らず、二人ともほんのカスリ傷程度の軽傷《けいしょう》で、元気一杯立ち上ったではありませんか。息を呑んで見守っていた群衆からは、期せずして拍手《はくしゅ》と歓声が湧き上りました。

でも、周りの人達が本当に感動したのは、その後のことでした。

「エーッ！　ホントに？　ウワーお母さん。このお二人、どっこもお怪我が無いんですってぇー。良かったわぁー。良かったわぁー」

胸のところで両手を合わせ、飛び上らんばかりに喜んでいるのは、先ほど停止ボタンを押してくれた、母娘の娘さんの方でした。その横顔は心底からの喜びに紅潮し、美しいキレ長の双眸《そうぼう》からは、キラリと光るダイヤモンドの涙がこぼれ落ちていました。

列車に乗ってから聞いた話によるとこの母娘《おやこ》、滑落二人組とは全くの見ず知らず、俗にいう〝赤の他人〟であるとのこと。それにしても人というものは、見ず知らずの他人のために、あんなにも悲鳴を上げ、あんなにも心配し、そして亦、何事もなく無事であった事を、あんなにも涙して喜べるものなのでしょうか？

これはもう、人の本性《ほんしょう》が善一元であり、なべての人の心の底に、〝人間神の子、自他一如《じたいちにょ》〟の思いがあることを否定する訳にはいきません。

北の大地で、未だ都会の俗塵《ぞくじん》に汚《けが》されざる清らかな心と、珠玉《しゅぎょく》のような美しい涙に巡り合ったボクの心は、その日一日、初夏にそよぐ風のように爽《さわ》やかであった。

旅先にて

旅先での話である。夕方という故《せい》もあってか、その電車はほど良く（？）混んでいた。年齢的には該当しない事もないので、例の優先席とやらに行こうかなと思わないことも無かったが、あの席の上に麗々《れいれい》しく書いてある〝あなたの愛を待っている人が居ます。お年寄りや、妊婦の方に席をお譲り下さい〟という文字に、いささかの抵抗を覚えたので止《や》めにした。

何故かと言えば、マアー妊婦と間違えられることは無いにしても（当り前）、あの優先席の前に立った途端に若者からサッと席を譲られたらどうしようという逡巡《しゅんじゅん》があったからである。恐らくは、〝嬉しかれども悔《くや》しかりき〟という、いとも複雑な心境になるに違いないのである。そのくせ人には〝常に自我を死に切るべし〟等と説いているのだから世話は無い。誠にもって〝言うは易《やす》し、されど行うは難《かた》し〟である。

そんな事もあって、車内の中ほどに立っていたら、途中駅から二人組の男女が乗り込んで来てマンガの立ち読みを始めた。

見るともなく見ていると、女性の肩掛けバッグが全開で、定期入れや財布らしき物が今にも飛び出さんばかりの風情《ふぜい》であった。いや、もしこぼれ落ちないまでにしても、プロのスリがこの状況を見たら、垂涎《すいぜん》の状況であり、これは見過す訳にはいかない。そこでボクは勇を鼓《こ》して声を掛けた。

ボク「あのー、貴女《あなた》のバッグ、チャックが全開で中味がこぼれそうですヨ！」

するとその件《くだん》の女性は、〝フン〟といった顔つきでおもむろに肩からカバンをはずし、チャックを閉めたかと思うと、まるで何事も無かったかの如く、再びマンガ本を読み耽《ふけ》るのであった。

当初のボクの予定では、（こんなの予定というのかしら？）少しはこちらの善意に恐縮《きょうしゅく》して〝有難うございました。お陰さまで！〟とか、ニッコリ笑って〝済みません。助かりました〟という展開になる筈《はず》であった。

ところが俗言《ぞくげん》にも、〝予定は未定にして、しばしば変更すること有り〟と注記されてある如くこの女性、「恐縮ナシ」「有難う無し」「ニコリ無し」の三無主義の世界代表者の如き態《てい》であった。これを完全無視と言わず何と言おう。

そこでボクは思うのだ。無視をするならチャック閉めるな。チャック閉めるなら無視するな。どっちか一方にして貰いたい。モー。

ホテルに落ちついて何気なく普及誌「白鳩」（平成十八年二月号）を開いたら、思わず目が点になった。そこには総裁、谷口清超先生が、故・長村《おさむら》婦美子《ふみこ》講師の体験を通して大凡《おおよそ》次の如く教示されていたからだ。

『長村さんはその時、次の如く反省なさったのであります。〝ああ、私は相手の不深切をとがめる心が起ったけれども、本当は相手をとがめる自分の心が「深切」というものを求めすぎているのであって、「深切」は相手に求めるものでなく、こちらから与えるものだ〟と気がつかれたという事であります。このように私達の心の中に不平や不満の心が起って参りましたならば、誰が一番傷つくかというと自分自身であります。それは光を見ずして闇《やみ》を見た事によって自分自身の心が不愉快《ふゆかい》になったからであります。（中略）私達はよく方々を旅行しておりますが、行く先々で色々な事件に出遭《であ》います。そして、こちらで当然であると思っていることでも、相手にとっては奇異《きい》に感ぜられるという事も少くないのであります』

生長の家を信仰していると、どうしてこのように適宜《てきぎ》な解答が得られるのであろうか。自分の常識、必ずしも相手の常識に非《あら》ず、こちらでは深切心で教えたつもりでも、相手にとっては、〝万座《まんざ》の中の要《い》らざる注意〟と受け止めたのかも知れない。改めて人、事、処三相応《さんそうおう》の大事をつくづく思い知らされた一日であった。

凛として静香なり

平成十八年二月二十四日の未明、北は北海道から南は沖縄まで、文字通り日本国中が喜びに沸《わ》きかえった。

それは、冬季トリノオリンピックに日本代表として出場した荒川静香《しずか》選手が、強豪《きょうごう》ひしめくフィギュア種目で世界を制し、美事《みごと》に金メダルを獲得しリンクの女王と輝いたからである。

当初の日本勢は、スキー、スノーボード、長・短距離のスピード競技等々、かなりの健闘が予測されていた。――にも拘《かかわ》らず、蓋《ふた》を開けてみれば期待の選手達が、その持てる力を発揮出来ず次々と敗退し、〝ひょっとすると今大会はメダル零《ぜろ》の終幕になるのでは――〟と危惧《きぐ》されていたほどだった。

そこにこの快挙であるから喜びも亦一入《またひとしお》、日本列島が沸きに沸いたという次第である。

競技前の予想ではむしろ、四回転ジャンプの特技を持つ安藤美姫《あんどうみき》選手が本命で、次に〝情熱の踊り手〟村主章枝《すぐりふみえ》選手、そして荒川選手は、三番手のダークホース的存在と言われていた。

しかし競技というものはやってみないと分らない。氷上の荒川静香さんは正にその名の如く、沈着冷静、そのうえ優雅で〝凜《りん》として静香《しずか》なり〟といった風情《ふぜい》であった。興奮冷めやらぬその日の夕方、さっそく報道陣に祝勝インタビューが行われたが、それを観ていたボクは思わず〝ハッタ〟とばかり膝《ひざ》を叩き〝吾が意を得たり〟と快哉《かいさい》を叫んだものだ。要約次の如しでアル。

アナウンサー「やりましたネ、荒川さん。本当におめでとうございます！」

荒川選手「どうもありがとうございます」

アナウンサー「女子フィギュアでは、日本というよりアジアで初の金メダルですよ！　今、どういうお気持ですか？」

荒川選手「初めは実感が湧《わ》かなかったんですが、欧米以外では初めてと聞き、自分でも〝凄《すご》い事やったんだなあー〟って思いました」

アナウンサー「日本中が喜びに沸いてますよ」

荒川選手「皆さんのお陰です。有難うございます」

アナウンサー「秀麗《しゅうれい》とも言えるイナバウアーの演技は、最初から予定に入ってたんですか？」

荒川選手「ハイ。あれは演《や》っても、余り得点として評価されないって言われたんですけど、私は高得点も欲しいけれどそれ以上に、自分を最高に表現する演技として、イナバウアーにこだわったんデス」

（この事は今日まで誰にも知られてないんだけど、氷の上では無く畳の上でなら、ボクは荒川さんより十年程前から訓練していたのである。題してイチバウアー）

アナウンサー「所で荒川さんは、競技以外の時はいつも、ヘッドフォンを付けておられましたが、音楽でも聞いておられたんですか？」
荒川選手「それもありますが、一番の目的は周囲の雑音を防いで気持を集中したかったんです」
アナウンサー「もう一つ突っ込んだこと聞きますが、自分の演技が終って次の選手が滑っている時って、どんな気持で見ておられるんですか？」
荒川選手「いえ私、誰の演技も見ていません」
アナウンサー「エッ！　誰のも見てない？　ではその間、何処《どこ》で何しておられるんですか？」
荒川選手「控え室でCDを聞いたり、瞑想《めいそう》したりしていました」
アナウンサー「ライバル選手の演技は気にならないんですか？」
荒川選手「会場で見ていた方が却《かえ》って気になります。見ていると、どうしてもライバル選手が失敗する事を心の隅で思ったり、失敗したらしたで今度は〝ひょっとして自分もあんな風に失敗するんじゃないか〟とか印象してプラス面は一つもありません。それよりも人は人、私は私の演技を精一杯表現出来るようにと、控え室でイメージトレーニングしているのです」

ウーン。流石《さすが》は金メダルを取る人だけのことはある。こんな人を、生長の家の家族にした〜い。

下を向いて歩こう！

　このところ、唯一《ゆいつ》の取り柄《え》であった美貌《びぼう》とスタイルにいささかの翳《かげ》りが出て来た。その因が、自然が豊富な福井から、大都会の東京に転任という環境の変化による極度の運動不足である事は、先ずもって間違いない？　そこでその運動不足を解消すべく、早朝と昼休みの二回、近郷《きんごう》散歩を思い立った。

　その日の昼休みも、さして急ぐ必要も無いハガキを出すべく、飛田給の郵便局へと出掛けた。その帰りのことである。——と或る街角を曲った処で、何やら丸っこい銀色に輝く物体を発見した。手に取ってみると、ズシリと重い折りたたみ式の皮財布《かわざいふ》であった。

悪いとは思ったが、持ち主に返還する際の何らかの手掛かりになればと開いてみたら、何とお札が五万八千円に硬貨が無慮《むりょ》数十枚、それにクレジットカードが三枚も入っていた。

ボクの勘によると、その財布の渋い色といい、形といい、財力といい、持ち主の年齢は五十代の後半から、六十一、二から、三、四、五、六、七、八、九ぐらいまでの女性と推定された。(自慢じゃないが、ボクの第六感神経痛は、これまで余りはずれた事はナイ)

そのとき咄嗟《とっさ》に思ったことは、この財布、〝いま直ぐにでも交番に届けるべきか、あるいは時間を置いて、しばらく後にすべきか〟という事であった。何故なら、この後ボクは一時半から個人指導の予約が入っていたからである。

これしきの事で何故迷ったかと言えば、イザ届けるとなると、これまでの経験からボクの住所、氏名、電話番号、拾得《しゅうとく》場所から時間帯、拾得権利を主張するか放棄《ほうき》するかとかいった諸々《もろもろ》の調書を取られ、押印《おういん》していると、どんなに早くても

三、四十分は掛かるからだ。

しかし、落し主の悲嘆と、クレジット各社へのカード紛失無効手続きの煩雑《はんざつ》を考えると、とても人事《ひとごと》とは思えず、結局は道場に指導時間の変更を連絡して交番へと向った。

それから二時間も経《た》った頃だろうか、予期せぬ訪問者を迎えた。色白のスラリとした美人で、聞けば近所の鹿島《かじま》建設のオフィスガールとの事だった。

「私《わたくし》が落し主デス」

と両手を膝《ひざ》に交差して、深々と頭を下げたその仕草《しぐさ》に、現代の女性には珍しい知性と教養を感じた。いまボクは、〝その仕草に知性と教養を感じた〟と言ったが、仕草だけではなくコトバもまた然《しか》りである。件《くだん》の美女は〝私《わたし》〟と言わず〝私《わたくし》〟と言ったのである。今どき〝私《わたくし》〟という優美にして且《か》つ女性的なコトバを使える女性は、名鳥「トキ」の如く絶滅の危機に瀕《ひん》しているだけに、まるで国宝にでも接する思いであった。

そんな国宝がこんな嬉しいことを言ってくれた。

「受け取りに行った交番のお巡りさんに、〝貴女は随分幸運な人ですネ。いま時、これだけの大金とカードの入った財布を届ける人は滅多にいませんヨ。この拾得者はさしずめ、現代の奇蹟の人でしょう〟って言われました」

〝ウフフ〟なんだかボクは、その昔、奇蹟の人と言われた彼《か》の有名な〝ヘレン・ケラー〟現代版になったようで、思わず頬《ほお》がゆるんだ。そして、「上を向いて歩こう」と唄って一世を風靡《ふうび》した坂本九ちゃんには悪いけど、これからもやっぱり「下を向いて歩こう」と思った。

（※当然のことながらボクは、拾得権利は放棄した。第六感が外《はず》れて、相手が好感の若い女性だったからではなく、純粋に大義？　のためでアル。右、念のため）

人生逃げるが負け

その日は朝から心ウキウキ、胸はワクワクしていました。何故なら前任地の山梨教区で、(当時は生長の家長野教区の教化部長)ボクの名著(迷著?)『ユーモア先生行状記』の処女出版を祝して、記念講演会を開いてくれる事になっていたからです。やはり持つべきものは同胞《とも》であります。

松本を早立ちした故《せい》もあって、甲府の教化部に着いたのは、予定より三十分ほど早い九時ちょっと前でした。流石《さすが》に会場は未だ人影もありません。そこで取り敢《あ》えず、事務所の奥の間にあるコタツにもぐり込んで時の経つのを待つことにしました。

奥の間と言ったって、世間のように長い廊下をつたって、ようやく辿《たど》り着くといった奥の間と言う訳ではサラに無く、亦《また》、ふすまや障子で仕切られていると言う訳でも無い。この事務所に入った途端、その全容が見渡せるという、密にして開、開にして密という開放的奥の間であります。

その中、一人、二人とボツボツながら懐かしい信徒さん達が集まって来ました。殆《ほとん》どの人が一度事務所に顔を出し、旧交を温めては二階の講堂へと上って行くのでした。それから間もなくのことです。

「あり、がとう、ござい、ますー」

という、か細い声と共に、〝幽鬼《ゆうき》も斯《か》くや〟と紛《まご》うばかりの婦人が入って来ました。その余りの陰気さに思わず顔を上げたボクは、夢かとばかりにオドロキました。何故ならそれは独特の団子ヘヤーと明るさで、知る人ぞ知る（知らない人は誰も知らない）山梨教区は白鳩会会長（当時）の水津《すいづ》秋子さんその人だったからデス。

ボク「あのー、ひょっとして貴女《あなた》、水津会長でないの？」

水津「ハイ、ひょっとしなくても水津デス」

ボク「その水津さんがどうして又、その様な変り果てたお姿で？」

水津「恥ずかしながら私、風邪を引いてしまいましたの」

人の風邪には矢鱈《やたら》と強いボクは叱咤《しった》交りに言いました。

ボク「たかが風邪ぐらいで何ですその態《ざま》は？」

水津「先生は人事《ひとごと》だから気楽にたかがと仰いますが、この風邪はタダの風邪とは格が違うんザマスの」

流石その昔、東京随一の高級住宅街田園調布に住んでいたというだけあって、かの有名なザーマス言葉で迫ってくるところがニクイではありませんか。しかし、負けてはおれません。ボクだってその昔、東京随一の普通住宅街、武蔵調布《むさしちょうふ》の飛田給に住んでいたんですからね。

ボク「へぇー、タダの風邪と何処《どこ》が違うんザマスの？」

水津「それが悪性というか、極悪というか、もし転《うつ》されたら運のツキ、まず鼻水タラタラ熱ポッポから始まって、目ヤニ、耳鳴り、咳、喀痰《かくたん》、目まいに、吐き気に、下痢、腹痛という具合、正に風邪の王者とでも言うのかしら、とにかく普通の風邪とは格が違うんでザーマス」

ボク「フーム成るほど、風格というコトバはそこから来たのかナア？」

そんな他愛《たあい》も無い会話をしている中に、しゃべり過ぎたか水津さん。

「ああ、もう私ダメ。ゴメン遊べ！」

と言うなり、コタツの中に入って来ました。コタツと一口に言っても、大、中、小、形にしても、長方形、正方形、稀に円卓形とありますが、このコタツは生憎《あいにく》、最小正方形のコタツだったから堪《たま》りません。正にトイメン、差し向い。しかもたったの五十センチメートルぐらいの至近距離から、〝ゴホン、ゴホン〟と連発するので、そのたびに咳シブキが雨霰《あめあられ》とばかりにボクの顔面を襲ってくるのデス。

これが、唯《ただ》の風邪なら良いんですヨ。それが今聞けば、恐れ多くも畏《かしこ》くも、悪性も極めつけ、もし転《うつ》されようものなら、鼻水タラタラ熱ポッポ、目ヤニ耳鳴り、咳、喀痰という風格無類の風邪だと言うではありませんか。

「不味《まず》い！」

再び三度《たび》、ボクの心は叫びました。と言うのも、これには深い仔細《しさい》がアルのです。

今を去ること四十数年も前、ボクは肺結核という大病を患《わずら》い命旦夕《めいたんせき》に迫っていました。その時、生長の家の教えに触れた母の命がけの信仰に救われ、奇蹟的に完治して退院したのデス。しかし、その退院間際に忠告された主治医の言葉が、ボクの潜在意識の奥深く入っていったのです。良きにつけ、悪しきにつけ、コトバの力の威力を思い知らされたのはこの時からであります。

主治医「佐野さん本日は退院おめでとう。これまで私はこの同じ言葉を何十人、何百人の人々に門出の言葉として贈りました。しかし残念ながらその中、約三分の一ぐらいの人が何年か経って、〝先生またお世話になります〟と戻って来るのです。その殆どが風邪から来る再発です。悪い事は言いません。風邪だけは引かぬ様、気を付けて下さいネ」

〝悪い事は言いません〟処《どころ》では無く、最悪の贈り言葉でした。そしてそれ以来ボクは、滅法《めっぽう》風邪に弱くなり、風邪を引いた人から電話が掛かって来ても、電線を伝って転《うつ》されるという特技？　を身に付けてしまったのです。断っときますが、他の病気なら〝人間神の子病い無し。カーッ！〟とやれるんですよ。でも、風邪だけはいけません。乗物などで白マスクの人と隣り合わせただけで、〝人間神の子〟が〝人間風邪の子フニャフニャ〟となっちゃうんですから吾れながら泣けてきます。

話は戻りますが、そうこう悩んでいる中に天の助けか先祖の徳か、呼ぶ人があって風格ある風邪が重い腰を上げて行きました。〝ヤッホー〟苦難は去ったのデス。ボクの心はまるで、テロ集団に解放された人質の如く、生気を取り戻して晴れやかでした。

一難去ってまた一難

約一時間半の講演を済ませ、万雷の拍手？　に送られて階下に降りて来ると、待ち受けていたのは後任の高倉教化部長（当時）でした。

高倉「先生、最近オープンした店があるんです。先生の好きなうどん屋です。行きませんか？」

うどん、ラーメン、そば、ほうとう、うなぎに、すしに、エビ、さんまと来れば、甲州名水八選と並び称される、吾が好物八選デス。無論、否《いな》やのあろう筈もなく、勇躍出掛けようとしたその時でした。例の風格ある風邪がヨロヨロと降りて来たのです。

水津「アーラ、先生方、どちらへ？」

高倉「ちょっと食事に」

水津「あらそう。御迷惑でなければ私、御一緒しようかしら」

あわてたボクは、〝御迷惑御迷惑。体調も悪いんだし無理しない方がいいよ〟と言いかけたんですが、前後の事情を知らない高倉部長は、

高倉「どうぞどうぞ、喜んで」

等と余計な愛想を振りまくではありませんか。仰天したボクは、盛んに目くばせしたり、手信号を送るんですが、のどかな彼は一向にこちらを見ないのデス。そして運命は遂に、この招かざる客と御一緒する羽目になってしまいました。

当てがはずれた作戦

この法難？　から如何《いか》に逃れるか。うどん屋までの車中で、ボクはその事ばかり

考えていました。〝窮すれば通ずる〟とは良く言ったもので、そのとき思いもよらぬ名案が閃《ひら》めいたのです。

〝そうだ。さっきはトイメンと言うか、目の前に座られたので被害を受けた。ならば今度は横に座らせよう。すると当然その前は高倉部長になる訳だけど、彼は殺しても死ぬようなタイプじゃないし、それに万一風邪が転《うつ》ったとしても、同じ教区の教化部長と白鳩会長という因縁《いんねん》浅からぬ関係である。これも浮き世の運命《さだめ》と諦《あきら》めて貰おう。これで決まり！〟

作戦が決まると今までの心配がウソのよう、ボクの心に春が戻り、目指すうどん屋に着きました。処がここで、亦しても予期せぬ事が起ったのデス。あの日頃から悠揚《ゆうよう》迫らぬ高倉部長が、どうした事か、その時に限って〝サッ〟と素早くボクの隣に座ってしまったのデス。すると必然的に水津さんが再びボクの前に……。

でも、〝不幸中の幸い〟とでも言うのか、天未《いま》だ吾れを見捨て給わず、今度座った水津さんの位置は、先程の真正面から、やや斜め前方に変わり、いささかの改善？の跡が見られました。これなら危機的至近距離という訳ではなく、もしテキが〝ゴホン〟と来たら間髪を入れず、〝サッ〟と顔をそむければ、何とかこの急場を凌《しの》げるのではないかとの希望的観測が広がってきました。

ところがデス。三度、予期せぬ事が起ったのデス。それはボク等の隣りのテーブルに座っていた見知らぬ客が、突然立ち上ったかと思うと、

「何だかこの部屋、ちょっと暗いナァー」

と言ったかと思うと、サッと窓際の障子を開けたのです。暗いなら暗いで思い切り開ければ良いものを、ほんの気持だけ、〝チョットだけよ〟てな感じで開けたのです。途端に、その限られた空間から春の陽光が〝サーッ〟とばかり射しこみ、悪いことには水津さんの顔をまともに照らしてしまいました。

すると、折角斜め前にいた水津会長が、

「イヤーネ。まぶしいわ」

と言ったかと思うと、いま出て来たばかりのうどんを抱えて、亦もやボクの正面に引っ越して来たのデス。

言うまでもなく、環境は以前にも増して厳しくなりました。何故なら、今までの

咳しぶきに、今度はうどんの汁までが加勢して飛んでくるからです。〝ああ万事休す〟ボクが薄れゆく意識の中でそう呟《つぶや》いた時、恐れていたあの鼻水がポチャポチャンと喰べかけのうどん汁に合流？　していくのでした。

人生逃げるが負け

数時間後、帰りの車中でボクは反省しきりでした。自分なりに今日の出来事の全容を摑《つか》めているからデス。そうです。問題から逃げたからデス。

この世界には、「現象顕現の法則」といって〝認めたものが現われる〟〝恐れるものは来たる〟という夫々の法則があります。それなのに、〝風邪だけはイケマセン〟と認め、〝転《うつ》されたら百年目〟と恐れ逃げ回ったからに外なりません。だから、選《よ》りに選《よ》って風邪の王者とコタツを囲む羽目になり、やっと解放されたと思ったら、タッチの差で水津さんに捉まりうどん屋に同行されたのデス。そしてこの法難？　も、必死の回避策が成功したかに見えた土壇場《どたんば》で、見知らぬ相客によって挫折を見た訳でありんす。

そこで心機一転〝ええい、ままよ。転《うつ》る風邪なら転《うつ》して貰おうじゃないか。吾れに無限の力あり。亀の子人間から、神の子人間への大転換だ〟と開き直ったのであります。その途端でした。鼻の奥が急にむずがゆくなったと思いきや、いきなり〝クシャミ三回ルル三錠〟ではありませんが、あれほど止まらなかった咳と鼻水が、ピタリンコと止まってしまったのデス。

よく〝神に口無し、人をして言わしめ給う〟とありますが誠にも、神さまは水津会長を通して、〝人生逃げるが負け〟を教えて下さったに違いありません。南無《なむ》、水津観世音菩薩様々。如是《によぜ》合掌

第二章　真理は生活にありの巻

二十四年振りの故郷

君蕎芬芬《くんこうふんぷん》の日々

早暁《そうぎょう》四時五十分、今朝も亦《また》、〃かっこうワルツ〃の軽快なメロディに目覚め、勇躍《ゆうやく》道場に向う。

一歩戸外に足を踏み出すと、室内の蒸し暑さが嘘のように朝の冷気が頰を撫《な》で、踏み石に散った落葉がカサコソと音を立てて初秋を告げていた。

早いもので、ボクがこの飛田給道場に帰任して、半年を過ぎようとしている。

俚諺《ことわざ》に、〝ふる里は、遠きにありて想うもの〟とあるが、ボクはむしろ、〝ふる里は、近きにありて謝《しゃ》するもの〟（読み人知らず）を実感している次第でアル。――というのも実は、ボクがいま、住まわせて戴いている家は、練成会育ての親ともいうべき恩師、徳久克己《とくひさかつみ》先生が嘗《かつ》て住んでおられた憧れの総務公舎であるからだ。

築後三十有余年を経たこの公舎、物質的立場から見れば、いわゆる古色蒼然《こしょくそうぜん》とした前近代的なクラシックハウスで、必ずしも快適な住み心地とは言えないのかもしれない。しかし、常に物事を霊的な立場からしか見ないボクにとっては？　誠にもってミステリアス（神秘的）な公舎なのでアル。曰《いわ》く〝ああ、徳久先生は、この部屋で神想観をされ、この部屋で読書をされ、この辺《あた》りで、くつろいでおられたのであろうか？〟等々……。

そんなこんなに想いを馳《は》せて眺めていると、古い柱の一本一本が、そして鬱蒼《うっそう》たる木立《こだち》に囲まれ、薄暗くさえ感じる小部屋の一つ一つに恩師の薫香《くんこう》を感じ、唯々ありがたく思えてならない。正に君蒿芬芬《くんこうふんぷん》（かぐわしき香りが辺り一面に立ちこめ、次第に広がっていくようす）たる中での日々である。

ああ！　現象無常

話は遡《さかのぼ》って二十四年前（平成十六年三月現在）の春三月、突然〝山梨教区の教化部長を命ず〟という辞令を戴き仰天した。何故なら、人には向き不向きの職というものがある筈で、ボクにとって一番の不向きが教化部長職だと思っていたからである。

それにもう一つ、この飛田給道場は、ボクが心身共《しんしんとも》に救われた処であり亦《また》、曲りなりにも編集者として、或いは本部講師として育てて戴いた処でもあって、それらに対する恩誼《おんぎ》と愛着は一入《ひとしお》のものがあって、ここを墳墓《ふんぼ》の地と定めていたからだ。

当時は若かった故《せい》か、今のように人間が出来ておらず？　別名、〝瞬間湯沸し器〟と言われるほど短気だったボクは、色をなして徳久先生に噛《か》みついた。

ボク「せんせい、話が違います！　そもそも、好きな編集をさせて下さると仰るから上京して来たんじゃありませんか。それを栄える会に転出させ、揚句の果てには、ボクの最も不得手とする教化部長職に出すなんて、そりゃ聞こえませんせん伝兵衛さん！」

口惜しまぎれの歌舞伎口調で迫ったが、恩師少しも騒がず切り返して来られた。

先生「ああ、お前は未だ修行が足らん。確かに以前、編集をさせてやると約束はしたぞ。でも、誰が一生させると言った。そもそも、現象は無常、永遠は無いんじゃ。万物はみな変化があるから生長する。自分の好きな事だけやっていては、五官は楽しくても魂は伸びない。人は苦手なことをやって始めて成長するんだ。分ったな。アッハッハー」と笑い飛ばされてしまった。日頃から〝わしは口から先に生まれた〟と豪語しているだけあって、口争いでは叶わない。それに口惜しいけれど敵の、いえ先生の言われる事には一理も二理もあるのだ。

天に吼《ほ》える

そんな経緯もあって、愈々《いよいよ》道場を去る時は思い万感、後髪《うしろがみ》を引かれる心地であった。仲間の盛大な見送りに、千切《ちぎ》れんばかりに手を振って応えていたボクは、そのとき突然、あの逸話を思い出したのである。

出典は定かでないが、あれは確か、戦後占領軍の最高司令官として君臨した、あのマッカーサー元帥の話である。

第二次大戦の末期、ある南方の島で、日米双方の軍隊が死力を尽くして戦っていたが、時の武運は日本が勝《まさ》り、マッカーサー将軍率いる米軍は涙の総退却をするのである。しかし、その時マッカーサー将軍は天を仰いでこう宣言したという。

将軍「アイ・シャル・リターン（俺は必ず此処《ここ》に帰って来るぞ！）」

そしてその数ヵ月後、陣容《じんよう》を整えたマッカーサー軍は、怒濤《どとう》の反撃を試み、今度は日本軍が敗走したという話である。昔から良いと思った事は、ダボハゼの如く飛びつく習性があるボクは、そのとき早速天にも届けとばかり吼《ほ》えたものでアル。

ボク「アイ・シャル・リターン飛田給！」

偉大なり現象顕現の法則

〝聞くと見るとは大違い〟という言葉があるが、〝聞くとやるとは大違い〟で、覚悟を決めて山梨に赴任してみると意外や意外、この仕事面白いのである。楽しいのである。やり甲斐があるのである。それは今まで、机の上で想像していた教化部長の概念とは全く違って、光明化運動というものの本質に触れる事が出来、私心を捨てそれに携《たずさ》わる人々の心の温《ぬ》くもりや連帯感等々……。今まで感じた事の無い新鮮な息吹であった。

亦、土地柄も良ければ住む人々も皆善《かいぜん》素朴、これと言って不足は無かったが唯一つ玉《たま》に瑕《きず》は、教化部の慢性的財政欠乏症であり、これには閉口した。何しろ当時の聖使命会員は——と言えば、千七百人足らず、職員のお手当ても儘《まま》ならぬ状態であったから、毎日午後三時頃になると、ペンを鍬《くわ》に持ち替えてブドウ造りに精を出した。そんな苦労もあったが、それが少しも苦にならず却《かえ》って心は弾んでいた。今は懐かしい想い出である。

初《しょ》っ端《ぱな》に苦労したせいか、その後、行く先々の教区が極楽であった。そういう意味では人生も、光明化運動もボクにとっては先憂後楽《せんゆうこうらく》が似合うようだ。

そんないきさつもあって、その後、長野、福井と転任したが、何処《いずこ》も教化部長職を満喫していたら、今度も突然〝本部練成道場（飛田給）総務を命ず〟という辞令を戴いた。突然には馴れて来たので今度は、〝驚きも中ぐらいなりオラが春〟といった心境だったが、もっと違った意味でオドロイタ。

それは今更の如き、「現象顕現の法則」の偉大さである。嘗《かつ》てボクは前述の如く、余りの道場恋しさに、〝俺はいつの日か、必ずこの飛田給に帰ってくるぞ！〟と天に吼《ほ》えた。それは紛れもない事実である。しかし心機一転、頼りない現在意識はそれをケロリンと忘れて跡形も無いというのに、潜在意識はシッカリと覚えていて、二十四年の歳月を経てボクの願望を叶えてくれたと言う訳でアル。

総裁、谷口清超先生は御著《おんちょ》『生長の家の信仰について』（日本教文社刊）の中で、「私たちの心は、いろいろのことを思うものだ。すると『その通りになる』ことが多い。（中略）だから『誰でも、いつでも思った通りになる』というと、ウソのように思うかも知れない。しかしそれは、『今すぐ思ったようになる』とか、近いうちに思ったようになるとか、十年以内にそうなるとかと、時間を限っているからだ。しかしもし時間や日数を全く考えなかったら、思うようになり、思った通りになることに、ほとんど近づくだろう。」（後略）（七三～七四頁）とある。その意味ではボクの体験は正に雌伏《しふく》二十四年の歴史的快挙《かいきょ》？　と言うべきであろう。

忘却とは忘れ去ることなり

宇治の盂蘭盆《うらぼん》供養大祭中に、長年愛用のループタイを紛失《ふんしつ》した。このループタイは、ボクが嘗《かつ》て福井教区の教化部長だった頃、ヨーロッパ旅行に行った誌友のTさんが、誕生祝いにプレゼントしてくれた由緒《ゆいしょ》ある逸品《いっぴん》でアル。

そんな因縁《いんねん》もあってか諦《あきら》めきれず、宿泊していたホテルをはじめ、頻繁《ひんぱん》に着替えをしていた装束《しょうぞく》部屋や、理事控え室等々、くまなく探し回り尋《たず》ね歩いたが、悉《ことごと》く、〝知らぬ存ぜぬ〟〝そんな物、見たことも聞いたこともありません〟というつれない返事ばかりであった。

ところで、どちらかと言えば、ボクはよく忘れ物をする質《たち》でアル。人はそんなボクを評して、

「そういえば先生も、そろそろ物忘れするお歳ですからネェー」

等と揶揄《やゆ》交りに笑う。だが、こういう人に限って、〝物忘れ〟と〝忘れ物〟とを混同する粗忽《そこつ》タイプである。断っておくが、これはカレーライスとライスカレーの違いの如き些細《ささい》の問題ではなく、世界の平和と人類の命運を決めかねない程の重要事？　でアル。

先ず、〝物忘れする〟というのは、自分の言った事とか、やった事、或いは大事な人の顔や名前が出てこず〝エーとホラあの人よ。アレアレ〟等と口走《くちばし》る精神的忘却症《ぼうきゃくしょう》であり、〝忘れ物をする〟とは、余り物質的なものに執着せず、むしろ〝何事も摑《つか》まず放《はな》つ〟という習性に長《た》けた、より高度な現象なのだ。努《ゆめ》、混同する勿《なか》れ。

それにボクがする忘れ物は、そんじょそこらの忘れ物でも無いし、昨日、今日始まった加齢的《かれいてき》現象でもない。自慢じゃないが、御幼少の砌《みぎ》りからの先天的忘却性なのである。

あれは結婚して間もない頃、家内にせがまれて新宿の伊勢丹《いせたん》デパートに出掛けた。夫婦と言えども趣味、目的が違うので入口で別れて夫々《それぞれ》の売り場に向かった。とき過ぐることしばし、買物を済ませて自宅に帰ったのだが、いま一つ何か忘れものをしたようで落着かない。沈思黙考《ちんしもっこう》に及ぶことしばし、〝ハッ〟と気がついた。忘れものは家内であった。

話は元に戻るが、宇治の供養大祭から帰った数日後、思わぬ人から電話を貰った。富士河口湖練成道場の加藤総務からである。

「佐野先生、最近何か失《う》せ物はありませんか？　実はボクの背広のポケットに、どういう訳か、ひも付きの装飾品《そうしょくひん》が入ってるんです。（ひも付きだなんて、何となくその言葉、抵抗を感じるんだよネ。それはループタイって言うの！　モー）皆んなに聞いてみたんですが結局は、〝こんなセンスの良い物をぶら下げている人は、佐野先生以外に無いんじゃないか〟と衆議一決《しゅうぎいっけつ》したんですが先生、私の背広にそれを入れられましたか？」

入れたというか、入れてしまったというか、そこが論議の分れるところだが、これで事件の全容が解明された。つまり、控え室の背広掛けに吊していたボクの背広の隣に、加藤総務が自分の背広を吊した。同系色の背広だった事もあってか、日頃は沈着なボクとした事がよく確かめもせず、加藤総務の背広に問題のループタイを入れてしまったという訳でアル。

それにしても有難いことにボクの場合、忘れ物はするのだが、こうして必ずその忘れ物が出て来るのだから不思議である。

「やっぱり護られているんだネ」

と家内に言ったら、

「これからは、忘れてから護られるんじゃなくて、忘れる前に護られて下さい！」

と言われた。お説ご尤《もっと》もでアル。

吾れ忙中に観あり

ボクとした事が迂《う》闊《かつ》にも、この地福井に着任するまでは、福井県と言えば越前《えちぜん》の国とばかり思い込んでいた。

ところが地元識者《しきしゃ》の言《げん》によれば、越前というのは福井、鯖江《さばえ》、武生《たけふ》、春江といった穀倉《こくそう》地帯や、大野、勝山《かつやま》のような山間地帯、いわゆる嶺北《れいほく》地区を指し、敦賀《つるが》、小《お》浜《ばま》といった海浜《かいひん》地帯は、嶺南《れいなん》地区と言い若狭《わかさ》の国と呼ぶそうである。

これも何かの巡り合わせかも知れないが、その若狭の国へ二日続けて出掛けることになった。初日が小浜地区の母親教室勉強会で、二日目が美浜《みはま》地区での白鳩支部長会議である。どちらも小浜、美浜と浜の字がつく、小さな美しい浜辺の町であった。そこで〝忙中の閑《かん》〟もさることながら、〝忙中の観《かん》〟は尚《なお》、大切とばかり、かねてから念願であった彼《か》の有名な三方石観音《みかたいしかんのん》の参詣《さんけい》へと洒落《しゃれ》こんだ。

国道沿いの駐車場に車を乗り捨て、ゆるやかな女坂《おんなざか》を登りつめてゆくと、未だそれほど人里離れた訳でもないというのに、辺《あた》りは一面、静謐《せいひつ》に充《み》ち、参道の両側に亭々《ていてい》として聳《そび》え立つ千年杉が、悠久《ゆうきゅう》の時を刻むかのようにいと神秘《しんぴ》であった。

初老の堂守《どうもり》さんの説明によるとこの三方観音《みかたかんのん》、そのむかし弘法《こうぼう》大師がこの地を行脚《あんぎゃ》され祈願された折、突如金色《こんじき》まばゆいばかりの観音さまが現われ、

「やよ法師よ！　今より鶏鳥暁《けいちょうあかつき》を告ぐるまでに吾れを彫《きざ》め！　さすれば、この地と、この地に住む全ての人々を幸せに守らん」

との霊告《れいこく》があったという。恐懼《きょうく》感涙《かんるい》した大師は早速、眼前の巨石に一念発起《ねんほっき》、一夜にして彫《ほ》り上げられたという。まことにも霊験あらたかな観音像であるらしい。

二日も続けて参詣《さんけい》しておきながら、であるらしい等と極めて曖昧《あいまい》な表現をするのも可笑《おか》しい話だが、実はこの石観音、本堂に鎮座《ちんざ》まします金ピカ像の観音さまでは

なく、その背後にある開《あ》かずの扉《とびら》の奥に在《ま》します秘仏《ひぶつ》こそ本命《ほんめい》の大師一夜彫《いちやぼ》りの三方石観音像でアル。

所がこの石観音、秘仏と言われるだけあって、何と三十三年に一度しか御開帳《ごかいちょう》が無く、しかもつい三年前に終ったばかりだと言う。

そうなると、次の御開帳で拝顔の栄《えい》に浴するためには、あと三十年も待たねばならず、それまでこのボクが、ずーっとずーっと福井教区の教化部長でいられる保証は何処《どこ》にも無い。(当り前)

されば、〝闇の夜に、鳴かぬ烏《からす》の声を聞く〟心境で、見えざるものの奥にある聖なる観音像を得意の心眼《しんがん》で視《み》ることにした。

翌、二日目の参詣《さんけい》は、白鳩会の副会長二名と共に、更にその先にあるという奥の院まで足を伸ばすことにした。ところが、掲示板にあった〝これより先、徒歩七〇〇メートル登り坂〟とあったのを、〝これより先、徒歩七〇〇メートル下り坂〟と読み違えたあわて者が居て、行けども行けども先が見えて来ないのである。

しかも、本堂までのゆるやかな女坂《おんなざか》と一変して、舗装もしていないゴロゴロ道、それもかなりの急坂《きゅうはん》、男坂《おとこざか》であった。信、篤《あつ》くして高邁《こうまい》なるボクには未《ま》だ充分にその気はあったのだが、副会長二人の志《こころざし》は極めて低く、

「アァー、もう私ダメ。一歩も動けません。こんなにキツイ思いするぐらいなら、いっそこの谷から身を投げて死んだ方が、未だましです」

等と肩で息をしているので、無念のリタイアをした。

だが、佇立《ちょりつ》してしばし山容《さんよう》を見るに、空あくまで清明《せいめい》にして雲知らず、沢《さわ》のせせらぎの音がソヨとばかりに秋冷《しゅうれい》を呼ぶ。また、山々に生い繁る鬱蒼《うっそう》たる樹木、その木々の枝から枝へと飛び交う小鳥たちの囀《さえず》りが、正に大師の御声《みこえ》を聞くが如く、忘《ぼう》我《が》のひとときであった。

嗚呼《ああ》、思えばこの地福井に赴任《ふにん》以来二年六ヵ月、車でここを通る度に篤信《とくしん》のボクは、〝いつか寄ろう〟〝いつの日かお参りしよう〟と思いつつも時を空しく捨てて来た。

しかし、遂に昨日まで〝いつの日か〟というときは来たらず〝ようし、今日こそは絶対に参詣するぞー〟と断固決意した途端、あろうことか、二日続いて世紀の大

参詣？　を為し得たという次第である。

先哲《せんてつ》の訓辞に、

「それは出来ないのではなく、人がそれを決意しないだけである」

と言う言葉があるが、正に至言《しげん》というべきであろう。それが証拠に、初日参詣の田辺嘉彦《よしひこ》駐在本部員（当時）等は、地元の小浜出身者で物心ついた時から幾百回となく此処《ここ》を通りながら〝いつかその中〟〝きっとこの次〟と刻《とき》を送ること数十年、不惑《ふわく》の年を遙《はる》かに過ぎた本日只今《ただいま》、ようやく実現したと慙愧《ざんき》の涙に暮れている。

話は変わるが、越前の名所と言えば、彼の有名な永平寺《えいへいじ》であるが、この永平寺を開いた曹洞《そうとう》宗の開祖道元禅師《どうげんぜんじ》にこんな逸話《いつわ》がある。

若き学僧道元は二十四歳の時、真の仏法を求めて、今でいう中国は宋《そう》の国に渡り天童寺という寺で修行された。ある日のこと、共に修行中の明全《めいぜん》和尚が病いに伏しているとの事で見舞いを思い立ち、回廊《かいろう》を通って仏殿まで来ると、背が弓のように曲り、白眉《はくび》、鶴の如き老僧が瓦の上に椎茸《しいたけ》を一つ一つ干しているところであった。

見れば、典座《てんぞ》といって、台所の責任者である用《ゆう》和尚で、その日は特に炎天焦《えんてんこ》げつくような日射しの中、笠もかぶらず片手に杖をつき、椎茸干しに余念が無い。

青年僧の自分達でさえ耐え難いこの暑さ、ましてや鶴の如き老僧にはさぞかし辛かろうと思わず労《いたわ》りの言葉をかけた。

「失礼ですが、お歳は幾つになられますか？」

「今年で六十八じゃよ」

「御高齢の貴方が、こんな事をなさらずとも誰か若い者にやらせては如何ですか？」

すると老僧は、

「他は是れ、吾に非ず」（他人がやったことは自分がやった事にはならない）

と、まことにも厳しく鋭い言葉が返ってきた。

ギクリとした道元が更に、

「おっしゃる通りですが、今少し涼しい時になさっては如何ですか？」

と労りの言葉を重ねた。すると老僧、再び毅然《きぜん》として、

「更に、いずれの時をか待たん」（ひとたび去ったら二度と還らぬこの時を逃して

亦《また》、いずれの時を待てと言わっしゃるのか！）

と答えて、決して手を休めることが無かったという。

生長の家の教典『生命の實相』（日本教文社刊）第7巻の中でも谷口雅春大聖師は、「『生長の家』の兄弟よ。今があなたの時なのだ。今！　実に今だ！　今のほかに時はない！　兄弟よ。今あなたに与えられているすべてのことを今断々乎《だんだんこ》として敢行《かんこう》せよ……」（五六頁）と示されている。

よく人は、

「今は忙しいので、そのうち暇《ひま》が出来たら何でもやらせて戴きます」

等と言う。しかし、本当は忙しい人ほど暇が出来、ヒマな人ほど暇がナイのである。何故かと言えば、ホントに忙しい人は能力があるから、家庭でも職場でも、至るところで人に期待され要求されるから、次々と用事が生まれる。しかし反面、そういう人ほど何事もテキパキ処理するし、実行力があるから意外と事後の閑暇《かんか》に恵まれるという訳だ。

それに比べて、本当は余り忙しくないのに忙しい人は、些細《ささい》なことにかかずらい、〝あれもしよう、これもしなくては〟と心ばかり忙しくして、結局は何も捗《はかど》らなくして終ってしまう。だから、彼《か》の有名な毒舌家セネカは、

「何もすることの無い人ほど忙しい」

と皮肉っている。〝今できることは、今だから出来るのであって、ほかの時に出来る訳ではない。〟この教示をしっかりと噛《か》みしめながら、今日も亦、忘己利他《ぼうこりた》の愛行を積み重ねたいものである。

目から鱗が落ちた

過《す》ぐる某日《ぼうじつ》、岡山市で開かれた「生長の家繁栄特別ゼミナール」に参加聴講した。久々というか実に十数年ぶりのことである。

メインゲストは、筑波《つくば》大学の村上和雄名誉教授で、千三百余名の人々がそのユニークな講演に聞き入っていた。

内容的には〝笑いが人体にもたらす効用について〟といったもので、率直に言って吾々生長の家信徒にとっては昭和五年、生長の家立教以来、谷口雅春先生が説き続けておられる真理で、言ってみれば耳タコの話である。

しかし、それを理論的に説くだけではなく、お笑い軍団の吉本興業を巻き込んでの人体実験？　でそれを証明するなど、科学者ならではの視点から説く講演は、如何《いか》にも説得力が強く、満堂《まんどう》の聴衆を魅《ひ》きつけて放さなかった。

そして講演の内容もさることながら、ボクが最も興味をそそられたのは、あれほど、〝笑いが人体にもたらす効用〟を説きながら、教授自身は終始ニコリともせずに話されたことであろう。

ここに、感情豊かに、身振り手振りで話す吾々宗教家と、日頃から学生達に淡々と話す習慣がついている大学教授の違いを感じた。

顧《かえり》みてボクなどは、〝こんなに面白い話をしているんだから、ちっとは自分も面白い顔をして話さなければ、申し訳ないんではないだろうか〟等と、変に聴衆に対して媚《こ》びるところがあるのだが、教授にはそれが微塵《みじん》も無く、というよりはむしろ〝こんな処で笑えるか？〟といった感じで、唯ひたすら淡々と話されるのである。——にも拘《かかわ》らず何故か可笑《おか》しい。否、可笑しいというは愚《おろ》か、大爆笑させるのでアル。

これには参った。驚いた。何となれば、これまでのボクの持論は、淡々と話す話に面白い訳は無く、面白い話は面白い素振《そぶ》りをしてするもんだと信じ込んでいたからだ。

世の中は広い。型にはまらない色んな話し方があるもんだと改めて目から鱗《うろこ》が落ちた。

鱗といえば、肉体の構造がそうなっているのか、はたまた精神的に感受性が強いのか、ボクはよく目から鱗が落ちる。

それは、生長の家本部の栄える会（生長の家の経済人の集まり）中央部という部署に務めていた時の話である。招かれて静岡県のある小都市に講演に行った。

駅に着くと、ちょっと小柄なMさんという男の人が、聖旗《せいき》（生長の家の旗）を持って迎えに来ておられた。なんでも、迎えに行こうと玄関で靴を履《は》いていたら教化部から電話があって、〝丁度時分《じぶん》どきだから、先ず何処かの食事処に御案内して会場に来るように〟との事ですが、よろしいですかとの事であった。当方に否《いな》やのあろう筈もなく、二つ返事で了承した。

ところがこの案内役のMさん。人は良さそうだけどやたら話し好きらしく、ひっきり無しに話しかけてくるのには閉口した。大要《たいよう》次の如しである。

Mさん「先生、私を見てどんな男と思いましたか？　何処にでもいるその辺の田舎オヤジに見えるでしょう？」

正直言って、この種の質問が一番答えづらいのである。〝そうですネ〟と同調する訳にはいかず、さりとて〝いいえ！〟と否定し難《がた》い風情《ふぜい》でもあるからだ。そこで、

ボク「エエ、マアー、イイエ、アハ……」

と、肯定とも否定ともつかない曖昧《あいまい》な返事をしていると、こちらの苦衷《くちゅう》を察してか、

Mさん「いえ、無理なさらなくても良いんです。見られた通りの印象だと思いますから。でも先生、人は見かけによらぬものと言うでしょう。自分で言うのも何ですが、言わんと分らんから言いますが実はこの私、この街というよりも、神奈川県、いや関東一円でも随一を誇る億万長者なんです。でも一見そう見えないでしょ」

ボク「見えナイ！」

Mさん「ところがどっこい、こう見えても私には海外も含めて、あちこちの銀行に億単位の預金がある」

ボク「ヘエー」
Mさん「でも、これぐらいで驚いてはいけません。県内各地の繁華街に数十カ所のモータープール（貸し駐車場）も経営しているんです」
途方も無い自慢話を聞きながら歩いていると突然立ち止まったMさんが、再び話しかけてきた。
Mさん「済みません。ちょっと生理現象が起って来たので、そこの畑で用を足したいと思うんですが、先生よろしかったら御一緒に如何デス？」
これには流石《さすが》のボクも驚いた。これまでも色んな処に行って、色んな人に〃ちょっとそこらでコーヒーでも〃とか、〃お食事でも〃と誘われた事はあっても、未《いま》だ嘗《かつ》て〃立ち小便〃のお誘いを受けた事は無かったからでアル。
普通の人ならこんな時、講師の体面という事もあるから、即座に両手を打ち振って断るのだろうが、やや普通の人でないボク等は一瞬考えてしまった。と言うのは実はボクもそのとき、即刻用を足してもよいという状況にあったからだ。それに生長の家でも、〃怺《こら》えたり我慢したりしてはいけない〃と教えてあるし？〃マ、つき合うかっ〃てな事になった訳である。

適当に草木の生い茂った裏山を見つけ並んで用を足していると、亦々《またまた》Mさんが話しかけて来るのであった。

Mさん「ね、先生。こんな非常時でも、私が預けている銀行の利子や、駐車場の日銭《ひぜに》は、ガバー、ガバーと入って来るんです。折角ある程度使ったかなと思っていると、また直ぐ入って来るんだから、全くヤになっちゃいますよ。アハハ」

ボクは必ずしも、万国労働者の先陣に立つ者ではない。しかし今どき、こんな贅《ぜい》に悩む驕者《きょうしゃ》が居て良いものだろうか。一瞬ではあったがこのとき、ボクは神の公平の至らなさに疑問すら生じたのであった。

やがて着いた処は、吾れこよなく愛すれども常は全く無縁の関係にあるうなぎ、うなぎ専門店であった。そう言えばここ半年ほど、この〃うなぎ〃と称するものとは久しく対面の栄に浴していない。されば〃イザ〃という時に臆《おく》せぬよう、今の中に心を整えておかねばならない。そんな思いに駈《か》られていると、店員が〃お品書《しなが》き〃と称するものを持ってきた。早く言えばメニューである。

普段のボクなら、こういう時、地元の案内者にお任せしてお品書きなど見ないのだが、目の前に手渡されたので〝ちょっとだけよ〟と一瞥《いちべつ》した。ランクは松、竹、梅の三段階に分れていて、並の梅が五百円で、中が竹で千円、上が松で千五百円と記されてあった。フムフムと半ば納得して隣りの自称、億万長者の顔を見たら何だか様子が変なのだ。心なしか、余り顔色が良くない。目がすわっている。おまけに何だかブツブツ呟《つぶや》いているではないか。聞くともなしに聞いていると、

Mさん「エーッと松か。千五百円ネー。松止《や》めた。竹かー。千円ネー。竹止《や》めた。梅、五百円ネー。お姐《ねえ》さーん。この五百円の梅、二人前！」

この間、躊躇逡巡《ちゅうちょしゅんじゅん》すること五、六分、苦渋《くじゅう》の選択結果は最下位？　の梅であった。断っておくが、ボクは決して最下位の梅に恨みがある訳ではない。サッと決まれば、梅だろうが竹だろうが、松だろうが一向に構わない。唯、ご馳走される側の論理が許されるならば、ご馳走する本人を前にして余り悩まないで貰いたいのでアル。

それにもう一つ、ボクは上下という縦の関係だけで問われれば、どちらかと言う

と上から下に落ちるより、下から上に昇格する方を好みとしているからである。

それにしても分らない。関東随一の富豪《ふごう》にして、県内各地の銀行はもとより、国内有時に備えてスイスの国際銀行にも億単位の預金があるという人が、否々《いないな》、それだけに留まらず、県内各所の駐車場から日銭ザクザクという億万長者が、何故《なにゆえ》に人を遇《ぐう》するに松から梅に落下していくのであろうか？　当時、ゲルピン族（適当に金の無い状態？）の代表者みたいなボクでさえ、たまには仲間や後輩に特上を奢《おご》る事があるのにでアル。

ところが後に谷口雅春先生ご著書の『栄える生活３６５章』（日本教文社刊）を繙《ひもと》いて（学があるとツライ）いると、こういう文章に出会いストンと胸に落ちた。

「富というものを物質の量だと思い、物量を貯めることのみに精神を集注するならば、物質は貯まりながらも、常に『まだ足らぬ』という感じに支配されることになり、その心の状態が滞貨貧乏《たいかびんぼう》というものを具象化することになるのである」（二八五頁）

なるほど富（貨）というものは、本質的には流通すべきものなのに、滞《とどこお》らせるから貧《ひん》を招くのか。えてして人は、富というものを形だけのものと思い、量の多さだと錯覚《さっかく》するから、Mさんのように有り余るほどの財を有しながらも、それを出す事に堪《たま》らなく惜しくなるのであろうか。

〝ウーム、滞貨貧乏ねえー〟亦一つ目から鱗《うろこ》が落ちた。

吾が愛しきいちじく物語

人によって好みの違いはあるだろうが、ボクは数有る果物の中では無花果《いちじく》を最高の好みとする。いや単に好みというよりは、果物の中の果物、王者として尊敬の念すら覚えるのだ。

何故なら、彼《か》の有名なプリンスメロンとか、白根《しらね》白桃《はくとう》、或いは喰べるダイヤと持《も》て囃《はや》されるサクランボの如く、やたら高級感を押しつけるでもなく、さりとて知名度を誇る訳でも無い。それでいて〝私は別に安くても良いの。野菜と間違えられても気にしない。私のこと良く知って、好きだと言って喰べて呉れればそれで満足！〟

といった感じで、何ともはや謙虚なのである。〝そのままの心〟というか、無暗《むやみ》に自己主張しない処がいじらしい。その癖《くせ》、味覚ときたら格別で決して他の追随《ついずい》を許さないのだ。ところが、

「へえー、あんな物のどこが良いの？」

等と不遜《ふそん》なことを言う類《たぐ》いが居る。恐らく、スーパーや果物屋等に並んでいる、店頭で熟した早穫《はやど》りの無花果《いちじく》しか喰べていない気の毒な人類に違いない。

そんな人類に、一度で良いから完熟《かんじゅく》もぎたての無花果を喰べさせてやりたいと切に願う。これも或る意味で人類光明化運動の変形と言えるのではなかろうか？　それにしても、ほど良く熟したワインカラーの無花果を、プチュンと捥《も》いだ時のあの掌《てのひら》の感触は、マシュマロと言うよりはその昔、母親の乳房《ちぶさ》をまさぐった幼い頃のあの感触、柔らかく、温かく、清く、麗《うる》わしいのでアル。

そしてそれを、パクッと頬張《ほおば》った途端、プチプチした果肉の歯ざわりと共に、何とも言えない豊潤《ほうじゅん》な香りと甘い果汁が、口中一杯《こうちゅういっぱい》に広がって胃の腑《ふ》に落ちていくのが分る。その瞬間、〝嗚呼《ああ》、満たされている。生かされている。ありがとうござい

ます〟という実感が湧いて来て、明日への希望に繋《つな》がっていくから不可思議でアル。

そんな訳で、前任地の福井から一緒に転勤？ して来た無花果も根が付き育って来たのだが、それと共に下草《したくさ》もボウボウと生えてきた。このままでは野草の逞《たくま》しさが、肝心の無花果の養分を吸い取ってしまう可能性は充分に考えられる。そこでボクは、農事担当の宮田職員に直《す》ぐに伐草《ばっそう》するよう指示した。

ところが宮田職員曰《いわ》く、

「下草は天の配剤なんです。何故ならこの下草は、八月の猛暑を柔らげ、土の乾燥を防いでくれる重要な役目をしています。全部抜き取るのでは無く、上部だけを軽くカットする事の方が得策《とくさく》だと思いますが……」

と言う。

なるほど、〝生かし合いという事か〟と納得した途端、ボクは以前に何処《どこ》かの寄席で聞いた桂米朝師匠《かつらべいちょうししょう》の「百年目」という古典落語を思い出した。

ある大店《おおだな》の旦那が、番頭や小僧たちを集めてこんな話をする。

旦那「いいかぇお前達、今からためになるお話をするから、よーくお聞き」

一同「へえー」
旦那「このお江戸から、ずーっとあっちの方に行くとー」
一同「えー旦那、あっちと言いますと、どっちの方になりますんでー」
旦那「バカだねーお前達は。あっちと言えばこっちの反対じゃないか。そのずーっとあっちの方へ行くてぇと天竺《てんじく》（今のインド）てぇ処があるー」
一同「やに断定的におっしゃいますが、旦那も行ってこられたんで？」
旦那「いちいち五月蝿《うるさい》んだよお前達。あたしが行く訳ないだろ、この忙しい時に。最後まで黙ってお聞き」
一同「へえー」
旦那「その天竺にゃ、赤梅檀《せきばいだん》てぇ木があるが、不思議な事にその根元にゃ、必ず那《な》ンエン草てぇ雑草が生えてるそうだ。ところがおめえ、雑草だからってバカにして引っこ抜いたぶんにゃ大変《てえへん》だ。〝アッ〟という間にその赤梅檀は枯れっちまう」
一同「そりゃ大変《てえへん》だ。どういう訳で？」
旦那「だからそのつまり、雑草が生い茂る事によって日照りからくる土の乾燥《かんそう》を防ぎ赤梅檀を守る。だから赤梅檀の恩人、いや恩草的《おんそうてき》な役目をしてるってことだ」
一同「へえー偉《えれ》え雑草が居たもんだ」
旦那「その恩を感じて赤梅檀は、那《な》ンエン草が巧《うま》く育つようにと、枝葉に溜《た》まっている夜露をたっぷり落してやるんだとよ。そして那ンエン草を繁茂《はんも》させ、時期が来て那ンエン草が枯れると、それを肥やしにして生き延びるって寸法だ。そこからこの赤梅檀の『檀《だん》』と那ンエン草の『那《な》』を合わせて（檀那《だんな》）と呼ぶようになった。つまり、主人のあたしと、奉公人のお前さんたちとは、持ちつ持たれつの仲って訳だ。どうだい恐れ入ったか」
うーむ恐れ入った。恐れ入谷《いりや》の鬼子母神《きしぼじん》である。総裁、谷口清超先生の御教示にもある如く、正《まさ》しくこの世に〝無駄なものは一つもない〟おたがい、生かし合い助け合いの世界だということを、今更のように思い知ったことである。

聖地・とびたきゅうの朝

草創期頃の飛田給《とびたきゅう》練成道場（現在の本部練成道場）には、いろいろな面白い逸話《いつわ》があり伝説化されている。食事の祈りの最中に人のおかずを失敬《しっけい》しておきながら、それを抗議すると、〝物質は無い！〟等とうそぶいたり、廊下ですれ違いざまに、いきなり人の頭を〝ポカン〟と撲《なぐ》る。予告もなしに撲られた方は堪《たま》らない。思わず〝痛い〟と悲鳴を上げると、〝ああー、お前はまだ修行が足らん〟〝肉体は本来無いんだぞ〟と嘆いてみせたりとか様々であった。

奇々怪々《ききかいかい》な事もあった。ある夏のこと。夜な夜な風呂場とおぼしき辺《あた》りから、陰々滅々《いんいんめつめつ》たる声が聞えてくるのである。耳を澄ますと、それは笑い声のようでもあり、泣き声のようでもある。この道場の前身は結核療養所とかで、治療半ばで何千人という人々が亡くなったとも聞く。さてこそ、志《こころざし》半ばで逝《い》った亡者《もうじゃ》達の恨みの声か？　その中《うち》、恐いもの見たさの〝おっかなビックリ隊〟が結成され真相究明《しんそうきゅうめい》に乗り出したが何の事はない、日頃の〝笑いの練習〟では飽《あ》き足らない長期練成員が、反響の好い風呂場に目を付けて浴槽《よくそう》の湯を抜き蓋《ふた》を閉めて心置きなく大笑いをしていたというのが真相であった。

そこへゆくと、当時飼育されていた小動物達の信仰次元は高いものであった？　まずは、百羽近くいたニワトリ達であるが、身動き一つ出来ないバタリー式独房？　や、金網で囲まれた収容式飼育場と違って道場のトリ達は、天地完全開放式の野放しで育てた事もあって、実にのびやかだった。唯一《ただ》つの問題は、夕刻の帰宿点呼に遅刻するわがまま鶏や、やたらあちこちの草むらで産卵する浮浪鳥《ふろうどり》が居て、卵を回収するのに手間どったことであろう。

その恩義は多少でも感じていたらしく、普通なら、〝コケコッコー〟と鳴くところを〝ココケッコー〟（此処結構）と鶏鳥正《けいちょう》に暁《あかつき》を告げたものである。

羊も数頭いて、春を迎えて暖くなると剃毛《ていもう》して、吾々ゲルピン族（適当に金の無い状態？）に純毛の背広を造らせて呉れた。そしてこの羊たち、食事の時間頃になると決まって厨房《ちゅうぼう》の前に集まって来て、〝ウメエー、ウメエー、此処の食事は実にウメエー〟と讃嘆するのが常であった。

そう言えば豚も亦《また》、放し飼いにされていてその厩舎《きゅうしゃ》たるや、これまでの臭《くさ》い、暗い、狭いという社会通念を払拭《ふっしょく》した清潔さを誇っていた。時々、散歩の途次《とじ》に独身寮の前に立ち寄り、道場生活に狎《な》れた不平分子《ふへいぶんし》を見付けては、〝ブウブウ言うんじゃないの！　ブウ〟と鳴いて反面教師の役割を担《にな》ってくれたものだ。

やがて往《ゆ》く風に雲は流れ、時世時節《ときよじせつ》は変われども、身も心も救われた人々の魂の故郷《ふるさと》、とびたきゅうへの熱き想いは変わらない。その想いは豈《あに》、人間のみには留《とど》まらず、犬も猫も、あの仇鳥《きゅうちょう》カラス？　だって、求道《ぐどう》即伝道の志《こころざし》を持って集まって来るから不思議でアル。

今朝も四時五十分、かっこうワルツの軽快なメロディーに乗せた真理の放送で目が覚める。なんとも爽やかな目覚めである。

洗面を済ませ（曇りや雨の場合は、乾きが遅いので省略することも有る）、手早く身支度《みじたく》をして玄関を出ると、いつものように家内の歓呼《かんこ》の声？　に送られて道場に向かう。

実を言うと、総務公舎から道場までの距離は数十メートル、時間にしても五十秒足らずでアル。それでも家内は、これまでの習慣で〝行ってらっしゃい、気を付けてネ〟と言う。それを受けてボクも亦、いつものように〝うん、分った〟と答える。でも、よくよく考えてみると、時は早暁《そうぎょう》、草木も眠る丑三《うしみ》つ刻《どき》？　ましてや道場境内地《けいだいち》とあって往《ゆ》き交《か》う人も車も皆無《かいむ》である。〝気を付けてネ〟って、一体何に気を付けようかと思わず笑いが込み上げてくる。

二十五年ほど前に住んでいた当時は、家族寮が同じ境内地でも北東の方向にあったせいか、空を仰ぐと満天にきらめく星と残月が、正にこの世のものとは思えないほど美しく映《は》えていた。

しかし、時は移り、宿舎の方角も変わり、周りの環境も愕《おどろ》くほど都市化したせいか、公舎を出て一番先に見えるのは、星、月ならぬコンビニの元祖、〝セブンイレブンいい気分〟の電光看板である。星、月と違って、お世辞にもロマンは無いが、どっちにしても飛田給の朝はいい気分なのでアル。

道場入口のドアの前まで来ると、毎日とはちと言い難《がた》いが、可愛い先客が待っている。文豪スタンダールの小説『赤と黒』を思わせるような鮮《あざ》やかなコントラストを見せる中猫《ちゅうねこ》である。察するに早朝行事に参加することがその目的らしいが、この時間帯は未だドアが自動開閉に設定されていないため自力入館出来ず、人待ち顔で待機しているらしい。この辺りの信仰姿勢は、そこいらのグウタラ人類と違って、ニャンとも崇高《すうこう》なのである。

二、三の信頼出来ない情報によると、この中猫、参加動機は余り定かではないが、何か余程の家庭事情があるらしく、時折り講話も聞きに来るらしい。奉納金のこともあるので今後のことも含めて、いずれゆっくり話し合ってみたいと思っている。

また身分については、抱き上げた時にプーンとシャネルの五番の香りが漂《ただよ》ってくるというから、さては、やんごとなき近所の富豪の飼い猫ではなかろうかという噂しきりでアル。それにしても、猫の分際《ぶんざい》で、飼い主に先んじて真理を極《きわ》めんとする姿勢は、誠にもって見上げたものである。

早朝行事が終り、朝の感謝行が終る頃になると、今度はどこからともなく馴染みの笑い烏《がらす》が集まってくる。今や恒例《こうれい》の笑いの練習に参加するためである。

烏《からす》といっても、この近郷には何千羽という烏がいる。だからといって、その全部が集まってくる訳ではない。〝類は類をもって集まる〟という法則は、烏の世界と言えども峻厳《しゅんげん》で、ここに集まる烏たちは、ここ聖地で笑いの練習をやっていることを百も承知で集まってくる、いわばエリート中のエリート烏たちである。

その故《せい》か、吾々が下で、

「アッハッハッハッハー」

と笑えば、樹々の上から笑い烏が共鳴して、

「アッカッカッカッカー」

と笑う。だが、何故人並みに、〝アッハッハー〟と笑わずに、〝アッカッカッカッ

カー〃なのかと糺《ただ》したら、〃笑わすんじゃないヨ、吾々はカラスだから人並みに笑わない〃と一蹴《いっしゅう》された。その言い分、ご尤《もっと》もでアル。

こうして、聖地、飛田給の朝は、人も猫も烏も犬も、みんなみんな浄化された素晴らしい朝を迎え、幸せ多き一日がスタートする。本当に、ありがたいことである。

超、悦んで！

人から何かを頼まれた時、余り内容を確めもせず二つ返事で引き受ける人、そうかと思えば物事に関わること自体が億劫《おっくう》で、〝アッそれはダメ。ダメなものはダメ〟と即、断わる人、或いは引き受けることは引き受けるが厭々《いやいや》、シブシブ、さんざん御託《ごたく》を並べ恩に着せ、ようやく引き受ける人等、世の中はさまざまである。

その点ボクなどは、自慢じゃないが単細胞プラスお人好しと来ているから、どちらかと言えば、何でも引き受けてしまう前者のタイプであろうか。それにしても、相手の頼みを受け入れる時の表現を如何にするか。これが積年の課題であったが、福井教区の教化部長時代に立ち寄った、と或る一軒の寿司店でその解答を得た。誠にも人生、自分以外は全て師である。

去る月、去る日の木曜日、休日を利用して家内とお寿司を喰べに出掛けた。そこは、福井市運動公園の正面に在り、吾が家から近からずとも遠からずの距離である。

一口《ひとくち》にお寿司と言っても奥は深い？　よくスーパー等にある大衆向きの持ち帰り寿司から、準大衆向きの回転寿司、そして高級志向の割烹《かっぽう》寿司と三別《さんべつ》される事は余り知られてはいまい。(別に知らなくともいいか)

久し振りのお寿司とあって二人とも、〝さて何処の寿司屋に行くべきか？〟と興奮して床《とこ》に就いたせいか半睡半覚《はんすいはんかく》、払暁《ふつぎょう》にしてようやく、無声なれど〝回転寿司に行くべし〟との宣託《せんたく》を得た。この辺り流石《さすが》、日頃の精進という外はナイ。その選択の推移を詳説すれば次の如しでアル。

先ずは持ち帰り寿司。確かに廉価《れんか》ではあるが、量少くしてネタも薄く、何かこう品格というものが伝わって来ない。国家と同じで寿司にも品格が大事なのでアル。差し迫って明日の糧《かて》に窮《きゅう》している訳でもないので、消去法に基づいてこれを外《はず》す。

次にグレイドを誇る割烹寿司であるが、何かこう、全身から〝自分は他と違って、ちょっとばかり高級なのよ〞と言わんばかりの自己顕示欲が見え隠れしてならない。鮨《すし》に大事な謙虚さというものが感じられないのだ。それに躊躇《ちゅうちょ》するもう一つに、金は有ることは有るが、あり余るほど有る訳でもないという明白な事由《じゆう》でこれもパス。

最後は回転寿司であるが大聖師の教えに依れば、吾が日本民族の先達《せんだち》は、大事に面すると事を急がず、先ず天を仰ぎ見、地を俯《ふ》して見、その根元《こんげん》に「中《みなか》」なる主《しゅ》を見たという。天に偏《かたよ》らず、地に偏らず、一方に偏《へん》して味方せず中道《ちゅうどう》なのである。斯《か》くの如く、中道はどちらにも偏《へん》しないので、どちらも生かす。故にボクも結論として、高からず安からず、中道実相を貫く回転寿司と決めたのである。嗚呼《ああ》！　思えば、ここまでに至る道は、長い道程《みちのり》であった。

しかし、流石《さすが》、北陸随一の海洋県だけあって、福井の回転寿司屋は一様でなく、やれ〝くるくる寿司〞だの、〝寿司くるーず〞だの、〝アトムボーイ〞だの、はたまた〝海鮮アトム〞だのと引く手余多《あまた》なのには戸惑ったが結局、いま巷《ちまた》の噂に高い社《やしろ》町の海鮮アトムに決定したのでアル。

「エーらっしゃい」という、寿司屋独特の歓呼の声に迎えられ、一歩店内に入っておろおろいた。主席となるカウンターは勿論、ボックス席も満席で着席待ちの客が無慮《むりょ》数十名、延々長蛇《ちょうだ》の列なのでアル。だから店全体が活気に溢《あふ》れ、鮨《すし》を握る職人達は勿論、それを頬張る客達の顔が輝いているのが分る。光輝粲然《こうきさんぜん》というか、光輝《こうき》食悦《しょくえつ》というべきか、えも言われぬ風情《ふぜい》なのであった。

着席待ちすること三十五分、ようやくにして目指すカウンターに辿《たど》り着くことが出来た。当然のことながら、いやしくも回転寿司と名が付く以上は、目の前を次々とイカだの、タコだのマグロ等が、これ見よがしに回って来る。しかし、グルメを自任するボクなどは、決して安易な手出しはしない。何故に？　その答えはいとも簡《かん》にして明でアル。

人間と同じで鮨にだって幸、不幸の生涯は分れる。朝の開店時から、懸命に回り続けているにも拘《かかわ》らず、一人としてつまんで呉れる者も無く、唯、空しく回り続けている鮨もあるのだ。中には、その色肌《いろはだ》に疲れの兆《きざ》しさえ認められるものもあり、いと哀れでアル。

だが、真に食を極めんと欲するならば、ここでなまじ情に竿《さお》をさしては流される。心を鬼にして、職人にダイレクト注文するのだ。

「お兄さん、イカとタコ、ノリ巻きに納豆巻き」

夜も寝ないで朝寝して、選びに選び抜いて来店した割には、鯛や平目、ウニ、トロといった上種《じょうだね》の注文は無く、〝これでいいのか？〟との疑問は残る。

しかし、驚いた事には、注文を受けた職人達の誰もが皆、ニッコリ笑って、

「ノリ巻一竿《かん》、悦んで！」

と叫ぶのである。すると周りで握っている四、五人の職人達が一斉に亦《また》、

「ノリ巻き一竿、悦んで！」

と呼応するのである。その中《うち》、たて込んで来ると店内のあちこちで、

「〇〇一竿悦んで！」

が風を起こし渦を巻いてくるのだ。

見よ！　握り鮨さえ注文されたら悦び叫ぶのである。ましてや吾ら、光明思想普及に携《たずさ》わる〝生長の家信徒〟に於《おい》てをや。神より与えられた使命、役職は、厭々《いやいや》、しぶしぶ、滑ったの轉《ころ》んだの御託《ごたく》を並べず、超、悦んで受けたいものである。

第三章　為さねばならぬ使命があるのだ！の巻

黄昏《たそがれ》の越前路に想う

福井県の栄える会に招かれて、久方《ひさかた》ぶりに越前路《えちぜんじ》を訪れました。ここはボクが未だ、東京は原宿にある生長の家本部で、「栄える会」の中央部事務局長をしていた頃、組織を作ろうと何度も何度も足を運びましたが、中々出来ず、全国五十九教区の中で最後にようやく出来たという難産の地でしたから、特に印象に残っています。下世話《げせわ》にも、〝出来のよくない子供ほど可愛い〟という親子親和《おやこしんわ》の法則？　がありますが、あれに似た感情デス。

ところがこのビリケツ誕生の栄える会、木瀬禎造《きせていぞう》（故人）と言う名会頭《めいかいとう》を得て、地味ながら確実な発展ぶりで誠にも嬉しさの限りであります。

二時間ほどの講演を終えると、待ちかねたように一台の車が玄関に横付けされました。何と、思いもかけず、彼《か》の有名な永平寺《えいへいじ》へ案内して下さると言うのです。（とか何とか言って、ホントは事前にくれぐれも頼んでいたのデス）

と言うのも、この永平寺というお寺、曹洞宗《そうとうしゅう》の開祖・道元禅師《どうげんぜんじ》が建立《こんりゅう》された名刹《めいさつ》で、生長の家の創始者、谷口雅春先生や、生長の家総裁、谷口清超先生のご著書の中にも、しばしば登場してくるからです。

ボクも講演の時、先生の御本をテキストとして使わせて頂く関係上、寺の門柱に記されている〝杓底《しゃくてい》の一残水《いちざんすい》〟の逸話《いつわ》をよくします。それだけに、〝講釈師《こうしゃくし》、見て来たようなウソを言い〟てな事にならないよう、自分の眼でシッカリと見極《みきわ》め、話に迫真《はくしん》をつけようとの魂胆《こんたん》からでした。

伝説に因《よ》ると或る真夏のこと、午前の外行《そとぎょう》（生長の家でいう献労のこと）を終えられた禅師の一行《いっこう》は、滔々《とうとう》と流れ落ちる滝の側《そば》で涼《りょう》をとり、のどの乾きを潤《うるお》していました。すると一人の青年僧が、たらふく飲んだ残り水を無造作にバッと投げ捨てたのです。それを見た禅師は激怒《げきど》し一喝《かつ》されます。

「お前はこの水の一滴の恩を知らぬのか。今、無限に滔々と流れている水も、その一滴一滴に仏の命が宿り集まって滝となり川となって流れていくのだ。飲み余った水は、感謝し伏《ふ》し拝んで滝《たき》にお戻しせよ」

それから修行僧たちは、飲み終っても残った水は、捨てるのではなく、伏し拝んで滝に戻したので〝杓底の一残水〟と言われ、滝の名は〝半杓《はんしゃく》の滝〟と名付けられたと言われています。

話は変わりますが、実を言うとこの吾輩《わがはい》、永平寺への参詣《さんけい》は一度や二度ではないんです。でも、若さと美貌《びぼう》に輝いていたその当時は、色気と喰《く》い気の絶頂期。テレビドラマの水戸《みと》黄門《こうもん》漫遊記に出てくる八兵衛よろしく、門前町辺《あた》りでカニ喰って、ソバ喰って、アンコロ餅《もち》頬張《ほおば》って、ジ・エンドとなり、山門《さんもん》から中に入った事は一度もなかったのデス。

だから、彼《か》の有名な〝半杓の滝〟も〝杓底の一残水〟も全く眼中《がんちゅう》になかったのは、当然と言えば当然なのでしょうが……。

しかし、水は流れ雲は往《ゆ》き、歳月はボクにも温故道心《おんこどうしん》のゆとりを持たせてくれたようです。いつに無く心のゆとりが出来たと見えてしばし、樹齢《じゅれい》数千年と言われる杉の木に囲まれた境内をあちこちと詣《もう》でては、開祖《かいそ》・道元禅師の偉大なる足跡を辿るのでした。

満ち足りた気持で帰路につくと、車窓から見る越前平野の秋は濃《こ》く、もうすっかり暮れなずんでいました。あちこちの田んぼから野火《のび》の煙がたなびき、信州（当時の赴任地）の山里《やまさと》とまた一風《いっぷう》ちがった趣《おもむ》きなのです。

やがて車は街中《まちなか》に入り、ふと前を見ると定期路線バスがのどかに走っていました。所がこのバスときたら、停留所辺りにくると、やたら停《とま》るのデス。（当り前）先を急ぐ身でもあり、〝そんなに律気《りちぎ》？　に停らないで、ところどころにして呉れないかなあー〟なんて勝手なことを考えている中に、〝丸岡バス〟という社名が眼に入ってきました。

〝丸岡バス〟、ハテ？　何処かで聞いたような会社だが？　と考えている中に、〝ハタ〟とばかりに思い当りました。

それはボクが本部の青年局で「理想世界」誌の編集をしていた頃のことですから、ウン十年前の話デス。

福井県の生長の家青年会に、〝心温まる良い話がある〟と聞いて、早速取材に出掛けたと思って下さい。何でも福井県から数十人の人達が、東京で開かれる「生長の家青年会全国大会」に参加すべく、丸岡市の丸岡バスをチャーターしたというのです。所が、その時、添乗員《てんじょういん》として派遣《はけん》されて来た人物が、A君という丸岡バスの中でも筋金入りの労組幹部《ろうそかんぶ》だったのです。

この筋金君、実はさっきからイライラと頭に来ていました。いえ、頭どころかトサカに来ていたと言った方が適切かも知れません。何故かといえば、途中から乗ってくる青年、乗ってくる青年が、何が嬉しいのか申し合わせでもしたようにニコニコ、ニコニコと、まるで恵比寿《エビス》さまが砂糖嘗《な》めて、あん蜜喰《た》べたような顔をして乗車して来るではありませんか。ま、それは百歩譲るとして、どうしても我慢ならないのは、今、そんなに有難い状況である訳でも無いのに、やたら〝ありがとうございます〟とお礼を言い合っている事です。これは常日頃かいます。ありがとうございますら〝人生は闘争である〟を金科玉条《きんかぎょくじょう》としている筋金君としては、怒《いか》り心頭《しんとう》、トサカに来る訳です。そして思うのデス。〝こんな風に訳もなく、やたら有難がったり感謝する輩《やから》が居るから、資本家がのさばり、日本が軟弱化するのだ。よーし、生長の家だか家の光だか知らんが東京往復の間に、吾が信奉《しんぽう》する闘争思想を叩《たた》き込み、徹底洗脳《てっていせんのう》せねばなるまい〟——と。

そんな時でした。

「ありがとうございまーす！」

と、ひときわ明るく乗り込んで来た女性がいました。この女性こそ誰あろう天性の美貌と、筋金入りの明るさ？ を誇るミス丸岡こと、若杉京子さんだったのデス。俗に〝英雄は英雄を知る〟という諺《ことわざ》がありますが、初対面にも拘《かかわ》らず筋金君、この時何となく不吉な予感がしたと言います。いわゆる〝ムムッ、おぬし出来るな！〟というあの感じなのデス。

案《あん》の定《じょう》というか、途端にバスの中の雰囲気が一変しました。何かこう、〝パーッ〟と華《はな》やいだ感じがするのです。その中、京子さんは車内マイクを使ってガイドを始めました。行程《こうてい》の案内や、会場に着いてからの諸注意をしているのですが、ニクイことにそのソフトな声の響きといい、しゃべり方の間《ま》といい、本職のガイド顔負けの手際《てぎわ》良さでした。

ひとしきり説明が終ると今度は、讃美歌とは違う、さりとて愛唱歌とも言えない〝聖歌《せいか》〟と称《しょう》する歌を唄いはじめました。その美声たるやまるで、仁丹《じんたん》がうぐいすを飲んだ否《いな》、うぐいすが仁丹を飲んだような声なのデス。別に唄いたかった訳ではありませんが筋金君、添乗員という立場上、渡された歌集片手にボソボソと連《つ》れ歌（つき合い歌）を唄っていました。その時です。京子さんがいきなり筋金君の腕を摑《つか》んで叫びました。

「みなさーん、聞いて下さい。この添乗員さん、私達の聖歌を一緒に唄ってくれてまーす。なんて素敵な方でしょう。それに眼も声も澄んでいます。きっとこの方、神さまから選ばれてこのバスに添乗された天の使いに違いありません。みんなで感謝の拍手を致しましょう」〝天の使い〟とは、恐れ入るばかりですが、満更《まんざら》悪い気がしないから不思議です。それからというものは、笑ったといえば〝モナリザの男性版〟と持ち上げられ、照れてムスッとすると〝渋い〟と褒《ほ》められ、洗脳するどころか反対にグニャグニャに骨抜きされ、会場の浅草は台東体育館《たいとう》に到着したのです。

一行を降ろしてやがて午後になり、食事を済ますと車内でウトウトしていた筋金君は、誰かしきりにドアを叩《たた》いているのに気付きました。覗《のぞ》いて見ると例のミス丸岡です。〝お昼休みだから、ご一緒しようと迎えに来た〟というのです。例え互いのイデオロギーは違えども、こんな美形に誘われて断る手はありません。てっきり近くの喫茶店かなんかで、コーヒーでも馳走《ちそう》してくれるに違いない。そう早合点《はやがてん》した筋金君は二つ返事でついてゆくのでした。

所がです。何だか方向が違うのデス。街の方向には行かず、会場の中に入っていくではありませんか。だが、その時点でも筋金君、〝これはきっと、会場の中の喫茶店だろう〟と思っていたというから、根はやっぱりお人好しだったに違いありません。

こうして彼、筋金君は、不世出《ふせいしゅつ》の救世主・谷口雅春先生に巡《めぐ》り合うのデス。そして帰りのバスの中でも、徹底的に逆洗脳《ぎゃくせんのう》された筋金君は、それから程なくして青年会に入会し、立派な幹部になったというのです。

こんな話を聞く度に思うのですが〝人生到る処に神縁《しんえん》有り〟で、どこかの国の女性党主のように、

「あの人はダメ、この人もダメ。ダメなものはダメー」

なんて神縁の選《よ》り好みをしていてはそれこそダメ。袖振《そでふ》り合うも他生《たしょう》の縁、ニッコリ笑って人を射《い》たいものです。それから間もなく、そよ吹く風の便りに聞きました。あの感動の全国大会から帰って間もなく、彼《か》の筋金君とミス丸岡嬢が愛のキューピッドに結ばれたという話を……

あれから幾星霜、杳《よう》として知れない二人に懐しさで心が騒ぎます。風よ、雲よ。君に意《こころ》あらば、吾れに二人の消息を伝えてくれ給え！

出世払い

涙の再会

「あんた達、ホントにあの時の豚饅《ぶたまん》三人組？」

「ハイ、そうです」

「懐かしいワァー、元気にしちょったん？（元気にしていたの？）」

「お陰さんで」

「前の店変わったにイ、よう判ったナァー（前の店変わったのに、良く判ったわねえ）」

「オバチャンに会いたさ一心デス」

「ジーン（感激に胸打たれる音）」

「オバを尋《たず》ねて三千里って話もあるデショ」

「それを言うなら〝母を尋ねて三千里〟じゃない？」

「マ、似たようなもんです。所で、どうかこの金一封受け取って下さい」

「アラ、これは何ね（これは何なの？）」

「ホラ、あのとき約束した出世《しゅっせ》払いの金です」

「出世払い？　フンフン思い出した。〝将来、社長になったら必ず払います〟と言って踏《ふ》み倒していったあのツケのこと？」

「人聞きが悪いデス。踏み倒していないからこうして尋ねて来たんデス」

「それもそうやなあ―。ゴメン、ゴメン。――と言うことは、三人とも社長になったん？（なったの）」

懐しさと、感動に目を赤くうるませたオバチャンは、大分弁《おおいたべん》丸出しで喋《しゃべ》りながら、吾々三人を見まわすのであった。

ゲルピン族の悩み

世にゲルピン族という言葉があるが、(当時の大学生の流行語で英、独、合併語の様なコトバでゲル「お金」がピンチ。要するに文無《もんな》しである)郷里の別府大学に入学した頃の吾々は、赤貧洗《せきひんあら》うが如き日々であった。そこでボクは、ギターを教えたり、家庭教師をしたりして、一応世間並みのバイトに専念したのだが、いずれも永続きしなかった。いえ、なに当方《とうほう》としては続ける気持はあったのだが、不思議と先方から断ってくるのでアル。

〝何故に?〟と原因を探ってみたら、いとも容易に思い当ることがあった。それは、〝教えられる弟子の方が、教える師よりも常に早く上達してしまう〟という不条理な理由からであった。

この傾向は、何十年経《た》った今でも多少残っているから、ひょっとしてボクは、他に類例を見ない程《ほど》人材教育に関する天稟《てんぴん》の才を有しているのかも知れない。

話は戻るが、とにかく金が無かった。金の無いことには馴れていたが、喰べ盛りの年頃だから満足に喰べられないのは応えた。一度で良いから、満腹になった腹を愛《いと》し気に撫《な》ぜてみたかった。そんな時、親友の大ちゃんこと、田中大治《だいじ》君から胸躍《おど》る電話が掛かってきた。

「一ちゃん（ボクのこと）、おいしい中華料理店見つけた。アベちゃんと三人で喰べに行こ」

「中華料理店？　それなら高いだろ」

「フツウの喰べ方すると高くなる」

「フツウの喰べ方しないと安くなるの？」

「安くなる」

「教えて教えて」

「そもそも外食するには、Y、U、Jという三原則、つまり安い、旨い、充足感という条件が備わっていなければならない。その三要素に適合する物と言えば、清華《せいか》園《えん》の豚饅頭《ぶたまんじゅう》の他にはナイ！」

「フム、フム」

「だから、その清華園でもメニューは数々あるが、迷わずこの豚饅一点に絞《しぼ》りこむ」

「なーるほど」

「次に一人が一皿を取るという既成概念《きせいがいねん》を打破《だは》し、三人一皿という経済的注文をする」

「でも、それではJの原則である充足感に乏《とぼ》しいのではない？」

「特大饅頭だから、その心配はナイ！」

「よっしゃー、その案、頂きー」

これが若さというものか、衆議一決《しゅうぎいっけつ》した三人組は、その日の中《うち》に目指す中華料理店、清華園へと繰り出したのであった。

話に違《たが》わず、その店の豚饅頭は三原則を兼備《かねそな》えて天下一品であった。いや、正確に言えば、他の料理も天下一品なのであろうが、何しろ当方は多種散漫的注文ではなく、一点集注的注文なので外《ほか》の味は分らない。しかし、味以上に店の雰囲気が良く、ここのオバチャンの気立《きだて》が更に良かった。

最初の中こそ、三人一皿という不景気な注文に戸惑《とまど》った様だが、その中、苦学生の懐《ふところ》具合《ぐあい》を察したのか、いつ行っても厭《いや》な顔一つせず、そっと品足《しなた》しをしてくれたり、ツケ喰いの便宜《べんぎ》を図《はか》ってくれるのであった。

堅く誓った出世払い

それから数年たった弥生《やよい》三月、ボクら三人組は、卒業証書片手に勇躍《ゆうやく》、清華園へと向かった。


「そう。早いもんネ。一ちゃん達、もう卒業するんネ？　それはおめでとう！」

「ありがとう。オバチャンのお陰デス」

「それはそれとして、うちのお勘定《かんじょう》いつ払ってくれるん？」

「へっ！」

「へっ！　じゃないの。溜《たま》り溜《たま》って八千円よ」

「八千円って、只《ただ》の八千円ですか？」

「溜めてる割には大きく出たわネ。あるの？」

「今はありません。でも時が来れば払います」

「そぉー。それでいつ、その時は来るんね？」

「吾々が社長になった時です。だから出世払いという事にしてくれませんか」

「オヤオヤ、随分と気の長い話ネ。何だか頼りないけど、あんた達ホントに社長になれるの？」

「オバチャン、物事は現象を見てはイケマセン。人には隠れた実相というものがあります。今でこそ頼りな気な貧乏学生ですが、ボクら三人只者《ただもの》ではありません」

「そうかしら？」

「それが何より証拠に、希望に輝くこの眼を見て下さい」

「その眼を見てるから心配なんよ。でもマ、いいか。貴方達の未来に賭《か》けてみるわ。その代わり、なるべく早く社長になってな！」

飛び込んだ吉報

あれから三十有余年の歳月が流れていった。三人組の中で、社長らしき者になったのは、アベちゃんだけで、（松山で小さな塗料会社を立ち上げた）大ちゃんは地元銀行の支店長となり、ボクは生長の家の講師となった。

初志の如く、全員が社長になった訳ではないが、〝そろそろ出世払いの約束を果そうじゃないか〟という事になったのだが、肝心のオバちゃんの消息が杳《よう》として知れない。風聞《ふうぶん》によれば、御主人が病いに倒れ、店は人手に渡ったようだという。幼い子供を抱《かか》えていた、オバちゃん、今頃どうしているのだろう。

ボクは自己の無力と、あれほど恩を受けていながら、〝その中《うち》、その中〟と、出世払いを遅らせていた優柔不断《ゆうじゅうふだん》が悔《く》やまれてならなかった。会いたい。出世払いもさる事ながら、一目会って往時のお礼を述べたい。そしてもし不遇ならば、万分の一でも力になりたい。〝神さまー、どうか御心ならば再会の縁を与え給え〟と祈るのであった。それから間もなくのこと、大ちゃんから電話が入ってきた。

「一ちゃん喜べ。見つかった。別府じゃなくて大分で新装開店してた。君が墓参《ぼさん》で帰って来たら案内するから楽しみにな」

大恩は石に彫め

生長の家の創始者、谷口雅春先生は、滴水《てきすい》和尚の逸話《いつわ》を通して、恩というものについて次の如く教えて下さっている。

岡山の曹源寺《そうげんじ》というお寺でのお話である。或る日、師の儀山禅師《ぎざんぜんじ》が小僧を呼んで言われた。

「これこれ、風呂の湯がちと熱すぎる。うめたいから水を持ってくるように」

二つ返事で答えた小僧、とっさに手桶《ておけ》を取るや、〝ザブリ〟とばかり残水《ざんすい》を捨て、くるま井戸に手を掛けんとした。——とその時でアル。

「小僧、何をするか！」

と、万雷《ばんらい》の如き禅師の叱声《しっせい》が飛んだ。

「お前は何故その水を、草木の根元に掛けてやらぬ。お前が、わずかと思うその一滴が集まって川となり海に注ぐ。それが蒸発して雨となり、作物となって吾らを生かすのじゃ。残水一滴《ざんすいいってき》の因《いん》の心、即《すなわ》ち恩を忘れるなら、百年の修行も無に帰するぞ。喝《かーっ》！」

この訓戒《くんかい》を肝《きも》に銘《めい》じた小僧は後に〝滴水《てきすい》〟と名を改め、京都は嵯峨の天龍寺で名僧、高僧として崇《あがめ》られたという。また七十余歳でその生涯を閉じられる時、次の偈《げ》を残された。
曹源一滴《そうげんいってき》、七十余年、受用不尽《じゅようふじん》、蓋天蓋地《がいてんがいち》
この意味は、曹源寺の和尚《おしょう》さんに教えられた。一滴水の徳は、天を蓋《おお》い地を蓋《おお》い無限に広がり、七十余年の間、その大恩は尽きる事がなかったという事であろうか。されば吾が一偈《げ》（解説無用）
豚饅数々、三十余年、受用不尽《じゅようふじん》、蓋天蓋地《がいてんがいち》。

三千人の聴衆

「エーッ、そんなバカな！」

羽田空港九時五分発、白浜《しらはま》行き搭乗口《とうじょうぐち》の前は、八十余人の人達の怒号《どごう》と悲鳴《ひめい》で一瞬パニック状態に陥《おちい》っていた。何故なら空、あくまでも青く、雲一つない天候だというのに、搭乗予定の飛行機が、〝機材の未調達《みちょうたつ》〟とかいう訳の分ったような分らないような理由で欠航となり、関西空港か、伊丹《いたみ》（大阪）空港に振り替え輸送になるという一方的通知があったからである。

サァー、治まらないのは乗客達であった。これが台風だとか、エンジントラブルとか言った万《ばん》、止むを得ぬ事情で、強行すれば人命に拘《かかわ》るといった事情なら話はまた別だ。しかし、〝機材の未調達〟と言う理由が本当なら、これは空港会社の一方的、且《か》つ単純ミスではないか。これは単に、運賃さえ返せば良いという問題ではなく、大阪空港からバスに乗り替えて新大阪まで行き、そこから亦《また》、白浜行きの特急列車に乗り替えるという、極めて物理的、肉体的煩雑《はんざつ》がある訳である。

それかあらぬか、あちこちで空港職員と乗客達の間に紛糾《ふんきゅう》が起りはじめたようでアル。聞くとも無しに聞いていると、中には、

〝十二時からの息子の結婚式に間に合わない。どうして呉れる〟とか、〝商談で昼までに着かないと破談になる、責任を取れるか〟等と喰《く》ってかかる人も居て騒ぎは大きくなるばかりであった。

一方、かくいうボクも人事《ひとごと》では無く、正直なところ頭を抱えた。何故ならこの日の一時から、ボクは和歌山県は田辺市で開催の「よろこびの講演会」に出講の予定があったからだ。

正直言うと一昔前《ひとむかしまえ》のボクなら、まず間違いなくその抗議の輪の中に入って口角泡《こうかくあわ》

を飛ばしていたに違いない。所が近頃、これを年輪《ねんりん》と呼ぶのか、修行の成果？　というか、いと冷静に対応出来るようになって来た。この時もそうで、フト首を巡らすと、騒乱《そうらん》の中にあって唯一人、所在無《しょざいな》げに立っているカウンター職員を見つけて歩み寄った。これが後の幸運をもたらす事になったのでアル。

ボク「弱ったなあー。実はボク、田辺市で何十人の人達に講演する予定なんだけど」

カウンター嬢「エッ！　それは何時からです？」

ボク「一時から」

カウンター嬢「エッ、エッ！　それは大変どうしましょう」

これを不幸中の幸いというのか、あわてたカウンター嬢が、ボクの言った何十人をなんと三千人と聞き間違えてしまった。

カウンター嬢「チーフ、大変デス、大変。この佐野一郎サマは今日の午後、田辺で聴衆三千人の講演をなさる予定だそうでどうしましょう」

チーフ「エッ、エッ、エッ三千人？　それは大変だ。いま九時二十分？　よし、九時三十分の伊丹《いたみ》便に乗って戴こう。ボクから機長に緊急連絡《きんきゅうれんらく》して出発を待って貰うから、君は直ぐに佐野サマを機内に誘導しなさい。それから君の方は、(もう一人の女子職員に)白浜行き欠航便の中から、佐野サマのお荷物を取り出して直ぐ伊丹便に積み替えなさい」

そんなこんなで、ボクの荷物積み替えを待ってくれた九時三十分発伊丹行きの飛行機は、ナンと予定より約二十分も遅れて離陸し、十一時頃無事伊丹空港に着陸したのであった。

タラップを降りると、まろぶが如く駆け寄って来た女性達がいた。既に東京の羽田空港から連絡を受けて待機していた伊丹空港の職員達であった。

女子職員「東京の人、佐野一郎サマはいらっしゃいますか!」

ボクが颯爽《さっそう》と手を挙げると、間髪《かんぱつ》いれず走り寄ってきたその職員が言いました。

空港職員「佐野一郎サマですネ。羽田の方から連絡を受けてお待ちしていました。新大阪行きのバスは十一時二十分発、間もなく発車します。新大阪発十二時四分、白浜行きの特急列車に乗って戴くためには、このバスをはずすともう間に合いません。お荷物は私共が受け取ってバスまでお運びしますので、佐野一郎サマは単身、バス乗り場までお急ぎ下さい」

かくして佐野一郎サマは、一時は絶望視された三千人の聴衆が待つ講演会？に、何とか一時間遅れで間に合うことが出来たのである。

省りみて思うに、もしあの時、怒れる他の乗客達に交って、感情趣くままに空港職員を糾弾《きゅうだん》していたとしたら、そして亦《また》、そんな喧噪《けんそう》から抜け出し、フト首を巡らしてカウンター席に歩み寄らねば、この零《こぼ》れ幸《ざいわ》いを得ることは無かったであろう。

吾れ難中《なんちゅう》にあって難を見ず、怒《おこ》らず、騒がず、〝フト〟という直感の導きに従って最善の道を選ぶ重要を思い知った。

憧れの肺病航路

希望と願望

ボクはよく、誌友会などで、

「思った通りになるのが人生ですヨ」

という話をします。すると時々、

「いえ、思った通りにならないのが人生でしょう。現に私がそうです。私を見て下さい！」なんて変な処で威張《いば》ってる人が居ます。そこまでは言わなくても、

「ホントにそうなら世の中、誰も苦労する人はいませんがネ」

と揶揄《やゆ》交《ま》じりに反論する人は結構いるんです。でも、そんな人こそ本当は、

「思った通りにならないのが人生さ！」

という信念を思った通りに実現しているから、やっぱり人生は思った通りになっているのです。

それに思ったことが実現しないもう一つの理由があるのデス。それは、〝思う〟という事を、単なる思いつき程度に軽く考えているからなんです。生長の家の創始者、谷口雅春先生は、「思い通りにならないという人は、単なる希望と切なる願望とを混同《こんどう》しているからだ。希望の希という字は、語源学的《ごげんがくてき》にいうと禾扁《のぎへん》が付く。すると稀《まれ》という字になる。つまり、稀なる望み、叶《かな》えられる事もあるが、叶えられない事もある。その程度の意味なんである。それに比べて〝切なる願望〟というのは、心の底からの願いであるから、寝ても覚めても思っている、要するに想念の継続《けいぞく》であるから実現するのである」と説かれています。一念発起《ねんほっき》したからには、寝ても覚めても、ゆめ幻《まぼろし》にまで思い観《み》る。やっぱりその継続なんですね。

会話が匂う人

ボクは、青春真只中《まっただなか》の十八歳の時に肺結核に罹《かか》って入院しました。今になってその入院する羽目になった動機を分析すると、尊敬して止《や》まぬ父親を亡くした絶望感から自らの人生を否定した事が、肺結核の原因になったことは否《いな》めません。（何しろその当時は、肺結核即《そく》、死を意味していた）

しかし、ホントのこと言うと、その因となったものはもう一つ外《ほか》にあるんです。でも、余り自慢になる話ではないし、生来《せいらい》の内気から秘密にしていました。ところが先日、『続々甘露の法雨』という生長の家のお経を読んでいましたら、〝何でも包み隠していたら罪になり、罪の価《あた》いは死である〟みたいな事が書いてありました。志半ばで死んでも詰《つま》らないので、思い直して急遽《きゅうきょ》告白することにしたのです。

それは忘れもしませんが、中学二年生になったばかりの夏休みのことでした。小学校六年生の頃にはもう、初恋を経験したほどの早熟《そうじゅく》だったボクは、近くの映画館でナイトショー「懐かしの名画シリーズ」というのを見たんです。題名は定《さだ》かではありませんが、往年の主演女優、原節子の匂うが如き美しさだけは、鮮明な記憶として残っています。

〝匂《にお》うが如き美しさ〟と言ったって、外形的な顔、形のことを言っているのじゃありませんヨ。ボクのような進歩的知性派タイプの男性は？　外形よりも女性の中《うち》なる輝きと優しさを求めているので、顔なんてあれば良いのデス。（そういう訳にもいかないかナァー）

それはともかく、何が匂うかと言えば、会話が匂うのです。原節子の使うコトバが何とも美しいのデス。

ところで、女性の会話の美しさは「て止め」「の止め」にあると言われますが知っていますか？　まことにもその美しいコトバの響《ひびき》は、世の男性をシビレさせます。そのシビレ度は、座禅のシビレや、河豚《ふぐ》のシビレの比ではありません。

喩《たと》えば、

「貴方あの映画御覧になりまして、」

という風に語尾を〝て〟で止める。あるいは、

「ねーえ、お風呂を先になさいます。それとも御食事になさいますの」

てな具合に〝の〟で止めるのでアリマス。

しかし今時《いまどき》、この種のコトバを使える人は数える程しか無く、死語の危機に瀕《ひん》しています。たまにあったとしても、

「おとうさん、今日の夕食あなたが作って」とか、

「風呂が先？　それともご飯、どっちなの？」

といった感じで、同じ「て止《ど》め」「の止《ど》め」でも原節子さんの優雅さとは、天地の開きがあります。

憧れの肺病航路

前置きが長くなりましたが、映画の筋はこうなんです。信州は富士見高原の、とある療養所に、ちょっとボクに似た感じの上原謙扮《ふん》する結核患者が入院してくるのです。するとそこに先述の匂うが如き美しいナース（原節子）が居て上げ膳、据《す》え膳、実にかゆい処に手が届くように看病します。それだけでも口惜しいのに？　時

折り秋色暮れなずむ高原を車椅子で散策し、いとも楽し気に語り合うのです。折りしも陽《ひ》は西山《せいざん》に傾き、中原《ちゅうげん》には皎々《こうこう》たる月が昇り始めます。その月明りに照らされながら、彼と彼女が永遠の愛を誓い合うという、超ロマンチック映画だったのです。

独りっ子で、兄弟姉妹の絆《きずな》を知らず、母の愛にすら飢《う》えていたボクの心に、人の心の暖かさや、愛情の美しさが強烈な印象として刻み込まれました。そしてもし、それを決意と呼ぶのなら、そのときボクは、

「嗚呼《ああ》！　男と女の愛というものは、かくも切なく美しいものなのか。よーしボクも、大人になったら必ずあの肺病になって入院するぞ！」と固く決意したのデス。

念のため断っておきますが、入院するんなら、どんな病気でも良い訳ではありませんヨ。先ず、喰べられない病気や飲めない病気はダメ。何故なら恋愛にはデートが付きもの、そのデートには飲食が付きものだからデス。

ようやく、彼女とデートまで漕《こ》ぎつけ、イザ食事という場面になって、

「折角ですがボク、糖尿病で……」

とか、

「いま丁度、肝臓が悪くてネ」

等と言っていては、デートにならないんです。

だからと言って、座骨神経痛や顔面神経痛といった痛みが伴《とも》なう病気もいけません。折角月の高原を散策して今や佳境《かきょう》という時に、突然発作かなんか起して、〝アイタ……〟と顔かきむしり、手足バタつかせていたんでは夢もロマンも吹っ飛んでしまいます。それに亦、便秘や痔《じ》の病いというのも今ひとつ、艶《つや》やかさに欠け破局は目に見えています。だからこそボクは、数多《あまた》ある病気の中から、寝て喰って散歩が出来、恋が出来る肺病一本に絞《しぼ》り込んだという訳です。

それから幾星霜《いくせいそう》、雲は流れ時は過ぎ去りましたが、ボクの肺病に対する憧憬《しょうけい》の念は、いささかの衰《おとろ》えもありませんでした。いえ、それどころか、ますますつのる紅《ぐ》蓮《れん》の炎となり、遂に父親の死という縁を通して目的を果たし入院することとなったのデス。

生長の家の教えでは、〝この世に偶然というものはなく、偶然と見ゆるもの全て必然なり〟とありますが、驚いたことにボクが入院した療養所は、映画のロケ地となり、モデルとなった長野県は諏訪郡富士見町にある富士見高原の温泉療養所と瓜二つの、〝光の園〟という別府市の高原温泉療養所であったことです。正に因縁の不可思議と切なる願望の実現力を思い知ったものです。

〝エッ、それでは君にも、彼《か》の原節子さん的、匂い優しい女性が担当看護婦として付いたんだろうネ〟ですって？　ウーム、残念無念口惜しや、ボクの専属ナースは、理想の原節子的女性とは程遠い、女子プロレスラーのダンプ松本に似た逞《たくま》しいナースでありましたデス。

それというのも、余りに肺病になることのみに専念していたため折角強烈願望の中に、肝腎要《かんじんかなめ》の〝原節子的ナース〟とインプットするのを忘れていたためでした。人生何ごとも、最後の詰めが大事とみえます。

三迷を脱し天命を知る

俗説によれば〝人の三迷《さんめい》〟と言って、人というものはその生涯に於いて三回は迷うことがあるという。賢明なる読者の皆さん方は、〝迷いは無明《むみょう》にして本来ナシ〟とばかり大声喝破《たいせいかっぱ》して、前述の三迷説とは無縁の存在であろう。

しかし世の中には結構、この俗説に当てはまる人も居るらしい。〝居るらしい〟等と、一見人《けん》ごとのように言ったが、省《かえ》りみて想えばどうやらこのボクも、恥ずかしながらその当てはまる口であった。

未《ま》だ紅顔の美少年？　だった頃、肺結核という大病を得たボクは、思い余って東京にある生長の家の練成道場の門を叩いた。ここで、〃神の子人間に病い無し〃の一大真理を会得《えとく》するや、この真理の余りの偉大さに魅了《みりょう》され、もっと深く真理を学びたいと願い、長期練成員となって修行した。

亦《また》、そんな中で、〃こんなに多くの人々に感動を与え救っていく聖典、神誌の編集に携《たずさ》われたら、どんなに楽しいだろう。是非にもやりたいものだ〃という願望がフツフツと湧いて血が騒ぐのであった。

何故かと言えばこの私、幼少の頃から読み書き大好き人間で、自分で名乗るはおこがましいが、小学校四、五年生の頃にはもう夏目漱石や川端康成、吉川英治や村上元三、丹羽《にわ》文雄、亦、肉体文学の巨匠と言われた田村泰治郎《たいじろう》や永井荷風《かふう》、谷崎潤一郎といった文学作品を次々に読破して、近所の大人達から〃幼年、今にしてこの神童ぶり、末はきっと天才か野菜になるであろう。誠にもって後生畏《こうせいおそ》るべし〃と随分騒がれたものである。(これは余り当てにはならない)

所が、継続性に今一つの感があった当時のボクは、大学を卒業する頃には生長の家本部奉職の熱意はすっかり冷め、ちょっと給料が良いというだけの理由で、地元の或る出版会社に就職の内定を取り付けてしまった。

その時である。時折り小言は言うものの、激怒することは無かったおふくろから、目ん玉が飛び出るほどこっぴどく叱《しか》られたのだ。

「一郎や、ちょっとここに座りんしゃい。世の中で一番大事な事は何んね。受けた恩を忘れんことやろ。犬でも、三日飼われたらその恩を忘れん言うにあんたは何ね。常なら、もうこの世に居ないかも知れんあんたを救ってくれたのは誰ね？　谷口先生やろもね。その大恩忘れて、ちょっとぐらい手当てが良いから言うて変心するなんて情けない。あんたは多分、遠い東京より近くの会社、少しでも給料の高い会社に入って仕送りするのが孝行の道と思うとらすばってん、あたしゃそげなことちっとも嬉しゅうなか。そげん事より、あんたが初心どおり、東京に出て谷口先生の許《もと》でみ教えのお役に立ってくれるのが一番嬉しかとヨ！」

大分弁と熊本弁が入り交った奇妙なチャンポン弁でかき口説かれ、〝ハッ〟と気付いて先ず一迷から覚めた。誠にも、〝親の意見とナスビの花は、千に一つのムダが無い〟のでアル。

二迷は何と、本部講師になってから訪れた。話は遡るが、一迷覚めて上京したボクは、飛田給練成道場で修行しながら本部へ通い、青年局（当時）に配属されて「理想世界ジュニア版」の編集をすることとなった。初代の編集主任という訳だ。熱望していた仕事だけに、毎日が嬉しくて楽しくてこれぞ天職、天命とばかり打ちこんでいた。

所が、七年ほど経《た》った或る日のこと、突然〝ジュニア版の編集主任を免《めん》じ、栄える会中央部事務局長を命ず〟との辞令がおりたのだ。

これには仰天した。よもやのマサカ、マサカリ山の金時《きんとき》とはこのことだ。一瞬、目の前が真暗《まっくら》になってその場にへたりこんでしまった。くどい様だがボクにとって編集の仕事は天職と言ってもよく、これをやりたいばっかりに地元を捨てて上京したのである。それなのに何の打診も無く突然の転属《てんぞく》、それも事もあろうに栄える会の事務局長だというではないか。何故、事もあろうになのかと言えば、当時のボクは、知る人ぞ知る、ゲルピン族（適当に金の無い状態？）の酋長と、清貧グループの代表役員を兼務していて、入《い》るを拒《こば》まず、出ずるも拒まずという状態で、早い話が金銭の管理がからきし出来ないタイプであったからだ。〝こんなボクが経済人グループの事務局長なんて出来る筈《はず》が無い。いや絶対にムリだ〟と、変な自信と先入観にとりつかれていた。

だが、〝案ずるより産《う》むが易《やす》し〟とは良く言ったもので、何でもやってみないと分らない。気に染《そ》まないままにしばらくやってみると、結構これが楽しくもやり甲斐があるのである。どれ程やり甲斐があるかと言えばこの栄える会中央部、いま立ち上げたばかりで組織も無ければ金も無し、人脈も無ければ知名度も無いという、無い無いづくしの部局で、中央部と言ったところで部屋の中央に机が二つあって女の子が一人居るだけという、実に未来性溢《あふ》れる部局なのである。

そんなこともあったが、豊かな環境で、豊かな人達に囲まれている中に、ボクまでが段々豊かになって来たのには驚いた。いえ何、別に物や金(給料)が殖《ふ》えた訳ではない。豊かな心が殖えてきたのである。すると不思議な事に人間関係も豊かになり、一波《いっぱ》が万波《ばんぱ》を呼んでオール善しの人生に変わって来たから面白い。富というものが、必ずしも金や物ではないということをしみじみ思い知った時期であった。

根が単純な方だから切り替えも早く、〝編集も良かったけど、栄える会も満更ではないな。ひょっとして、これこそ天命天職かも知れない〟と意気ごんでいたら又もや突然〝栄える会事務局長を免じ、○○教区教化部長を命ず〟の辞令である。ボクにはどうも、この突然に縁があるらしい。

それはともかく今度の異動は、内部の配置転換ではなく、外地（ちょっと大袈裟《おおげさ》）への転勤だったから大ショックだった。事もあろうに教化部長というではないか。飛んでも八分、歩いて五分。何が不向きたって、〝教化部長職ほど自分にとって不向きな仕事は無い〟と信じ切っていたからだ。今にして思えば、自己限定以外のなにものでも無い。

当時、教化部長の五徳《ごとく》（火鉢の備品ではナイ）とも言われるものがあった。先ず一《ひとつ》、如《い》何《か》なる時にも冷静で怒声《どせい》を発しない。二《ふたつ》、全てを包みこむ様な広い心。三《みっつ》、常に欠点を見ず讃嘆《さんたん》に溢れている。四《よっつ》、笑顔を絶やさず常に恵比須《えびす》さまが蜂蜜《はちみつ》舐《な》めたような顔をしている。五《いつつ》、三正行《さんしょうぎょう》に徹《てっ》している等々である。口惜《くや》しけれども吾が身省《かえ》りみるに一徳も無いのである。

それに教化部長という立場は、谷口雅春先生の名代《みょうだい》として任地に赴《おもむ》き、教区の幹部、信徒さん達を束《たば》ねて光明化運動を推進していくという要職中《ようしょくちゅう》の要職でアル。佐野一郎、果してお前に出来るのか？　三日ほど夜も眠らず昼寝して、三度の食事も四度に増やして考えたが自信が無い。遂に当時の理事長であり、栄える会の会長であった和田英雄先生に辞表を提出した。

二、三日して理事長から電話が掛かって来た。〝今夜もし躰《からだ》が空いていたらニューオータニで食事でもご馳走したいがどうかね〟という打診であった。

ボクは昔からこの〝食事〟というコトバに滅法《めっぽう》弱く、ご馳走というコトバには更に弱い。それも聞けば天下のホテル・ニューオータニというではないか。こんな所で食事出来るチャンスなど、生涯に於いて亦《また》とあるか分らない。勿論《もちろん》、〝もしや〟と言うまでもなく、躰だって空《あき》っ放《ぱな》し。お断りする理由は何一つ無い。即座に〝行きます。参ります〟とばかり快諾《かいだく》したものでアル。

食事というものは人の心を和《なご》ませる働きがあるようで、次々と出てくる料理に舌鼓《したづつ》みを打ちながら、ボクは思い切りその心情を吐露《とろ》したものである。

しばらく黙って聞いておられた和田理事長は、

「大体のことは分った。所でキミ、本部を辞めて何処に行く？」

「未《ま》だ決めておりません」

「呆《あき》れた男だ。次の仕事も決めないで辞表を出したのかね」

「お手当てを戴いているうちは本部の職員デス。在籍しながら他所《よそ》の仕事を探すようなことは潔《いさぎよ》しとしません」

「ふーむ。それは殊勝《しゅしょう》な心掛けだ。それは良しとして、世の中厳しいぞ。適当な仕事が見つからなかった時はどうする？」

「その時は、チリ紙交換（当時全盛の花形職業？）とか、焼き芋屋とか何とか生きていきます。ハイ」

「エッ！　今、キミ何と言った。チリ紙交換か焼き芋屋？　冗談は顔だけにしときなさい。仮にも元・本部講師で栄える会の事務局長が、リヤカー引いて〝毎度お馴染みチリ紙交換……〟ではこちらが困る」

「でも職業に貴賤《きせん》はありませんから……」

「もっと外に無いかと聞いているのだ。それよりも君、谷口先生に御恩返しは出来ているのかネ?」

「ヘッ?」

「話を聞いていると、君はやれ、あれが好きだとか嫌いだとか、何が向いているのいないのと自分の立場でしか物ごとを考えていない。編集にしても栄える会にしても、やれ天命だとか天職だとか勝手に決めてるが、あれは天(神)が決めるから天命——天職なのだ。(ウームご尤《もっと》も)それに第一、み教えに救われ、谷口先生に救われた分、君はお返しが出来ているのかと聞いている。充分だと確信するなら受理しよう」

返す言葉はなかった。ちょっとどころか万分の一もお返し出来ていなかった。そんな事を人様《ひとさま》から言われなくては気が付かない自分が情けなくて、涙が双頰《そうきょう》を伝って流れ落ち、このとき二迷《にめい》が去った。

生長の家総裁、谷口清超先生は、「天命という言葉は『宿命』とか『寿命』という意味に使われるがもう一つ、『神の命令』という意味もあり、どれが天命か、どれが我《が》の思いかを聞き分けるには、常に深い祈りが大切である」と教えて下さっている。誠にも耳の痛いお話で、ボクも俗説の三迷《さんめい》に至るまでも無く迷いは精々《せいぜい》この二迷で打ち止めにして唯、静かに坐《ざ》して天命に耳を傾《かたむ》けんと欲するものでアル。

吹雪の函館空港に佇《た》つ

羽田に着いたのは、フライトの丁度一時間ほど前であった。今回の講演先は、二年振りの函館で気になる天候は雪模様という事だった。しかし、いつものノー天気で、〃なぁーに東京はこんなに晴れてんだから心配ナーイ〃等と高《たか》を括《くく》って出掛けたら、いきなりチャイムの洗礼を受けてしまった。

「十時四十分発、函館行き御搭乗予定のお客様にお知らせ致します。当便は函館地方、吹雪交りの悪天候のため、札幌空港着陸か最悪の場合羽田空港に引き返す場合もございます。あらかじめ御承知のうえ御搭乗下さい」

当然のことながら、搭乗待ちをしていた三百人程の乗客達からは、一斉に悲鳴ともブーイングともつかない響動《どよ》めきが湧き起った。

考えてみると、ボクは良くこの手の災難に遭遇《そうぐう》する。直近の例では昨年秋の白浜行きの時がそうだった。あの時の飛行機がＪＡＬだったので、今度は縁起を担ぎ、〝ＪＡＬがダメならＡＮＡがあるさ〟と全日空に替えてみたが、〝憂患は外界より来たらず自己の内にあり〟で、「類を以って集まる」という本質的なものを替えない限り、形だけ替えてもダメだと今更の如く思い知らされた。法則は斯《か》くも厳しいのでアル。

もし、遅れたり引き返すとなると先方（函館教区）も困るだろうと、函館の細川事務局長に電話を入れたら、

「エッ！　そんなこと困ります。止《や》めて下さい」

と言う。雪が降るのを止《や》めて下さいと言っているのか、ボクが行くのを止めて下さいと言ってるのか、その辺がちと、曖昧《あいまい》だったが確かめるに時は無く、早々に機上の人となった。

飛び立って一時間を少し過ぎた頃、機長からのメッセージが放送された。

「間もなく当、飛行機は函館上空に掛かります。上空はこの様に無風快晴ですが、着陸周辺は強い横風の吹雪となっており、着陸の困難が予想されます。この飛行機は三度まで着陸を試みますが、危険と判断しましたら羽田空港へと引き返します。御了承下さい」

話が違うのでアル。搭乗前のアナウンスでは、確か〝札幌空港か亦《また》は羽田空港に引き返す事もある〟と言っていたのに、札幌が何処かに消えてしまって、羽田空港に引き返すというのである。

そして飛行機は二度まで着陸を試みたが着陸叶わず、愈々《いよいよ》、三度目、最後の着陸態勢に入ったのである。

そのときボクの心は、何かこう言い知れぬ強い意志の力を感じていた。

「何をしている佐野一郎！　祈りだ、祈り。今こそこの三百有余人の人達のために真剣に祈るのだ！」

吾れに返ったボクはひたすら祈った。何だか自分が、乗り合わせたこの三百有余の人々の命運を預り、そのためにこそ同乗したんだという気持になって祈りを深めていった。

どのぐらい祈った頃か、〝ドーン〟という強い衝撃音に眼を開けると、見よ！　吾々の飛行機は、まるで此処《ここ》は北極か？　と紛《まご》うばかりの白銀の滑走路に着陸していたのでアル。余りの嬉しさに場所柄も忘れたボクは思わず、ベルトを外《はず》して（ズボンのベルトではない）〝有難うございまーす〟と絶叫してパチパチパチと拍手をしてしまった。

するとその時、〝もしや？〟の不安から解放された乗客達から一斉に、〝ドーッ〟という笑い声が湧き上った。しかし笑われながらもボクの心はほのぼのと暖かった。それは多分、これだけ大勢の人々と悦びを共有出来た事と、予定どおり自分の使命を果せる事への満足感からであろうか。

第四章　起死回生の旅の巻

起死回生の記

　生長の家の根本教義の一つに〝人間神の子病い無し〟というのがあります。しかしこの真理、頭では知っていても、本当に良く分っていないから、思いもよらぬ病いに罹《かか》ったりすると、日頃の大言壮語《たいげんそうご》も何処《どこ》へやら、顔面蒼白《がんめんそうはく》、周章狼狽《しゅうしょうろうばい》する羽目《はめ》となります。理由は簡単、知っている事と、本当に分っている事とは天地の開きがあるからであります。いえ何、これは人ごとでは無く、自戒を込めて、自分自身に言い聞かせている事でもあるのデス。

寝耳に水の難病宣告

それは平成十五年の十一月、北陸福井にも、ようやく晩秋の気配《けはい》が漂い始めた頃でした。ボクは例年に習って、近くの総合病院に健康診断の受診に訪れました。これは、生長の家本部から、われわれ教化部長が任地での活動に支障を来たすこと無いよう受診の要請があったからに外《ほか》なりません。

所定の検査が終ると、カルテを見ていた担当医師がちょっと顔を曇らせてこう言うのデス。

担当医「検査項目の中で、一寸異状と見られるものがあります。このあと、直ぐに精密検査を受けて下さい。結果は三日後に分ります」

ボクは嘗《かつ》て（青年時代）憧れの肺病行路？ をさ迷っていた事があり、その故《せい》もあってか、これまでも一度だって一発快答を得た事はなく、何やかやと言われていたので今回も、〝なーにいつもの事さ〟と高《たか》を括《くく》っていたのです。

ところが豈図《あにはか》らんや、精密検査の結果は思いもよらぬものでした。

担当医「やはり懸念《けねん》していた通りです。お気の毒ですが実は貴方、〃特発性血小《とくはっせいけっしょう》板減少性紫斑病《ばんげんしょうせいしはんびょう》〃という病気に罹《かか》っておられます」
ボク「何です？　それ」
担当医「何らかの事由《じゆう》で、皮膚及び粘膜《ねんまく》に出血を起し、血小板が著《いちじる》しく減少するため、体内機能に異状が起る病気です。通常なら十七万はなければならない血小板が十五万ちょっとしかありません。もう既に何らかの兆候《ちょうこう》がある筈ですが気付きませんか？」
ボク「そう言えば時々鼻血が出て、いつ迄も止まらなかったり、ヒゲ剃り時の切り傷出血が止まらなかったりする事がよくあります」
担当医「それです。それ！　典型的な紫斑病《しはんびょう》の症状です。気を付けて下さい」
ボク「どう気を付けるんですか？」
担当医「いえ、それがそのｰ実はこの病気、何十万人に一人という難病でして、今の医学では根本的な治療法は無いんです」
ボク「じゃｰ、気を付け様が無いではありませんか！」

担当医「マ、早く言えばそうなります」

遅く言ったところで同じ事です。おまけに無神経な医師は、追い討《う》ちをかける様に言うのです。

担当医「例え確たる治療法は無くても、最悪の事態を一日でも延ばせるよう、お互いその日が来るまで頑張りましょう」

これで励ましてる積りなんでしょうか。全くイヤになっちゃいます。嘘の下手《へた》な質《たち》ですから本心を吐露《とろ》しますと、ボクも人の子（ホントは神の子）一瞬、目の前が真暗《まっくら》になったのは事実デス。吾が身の事は、〝これも身から出た錆《さび》、自業自得《じごうじとく》〟と諦《あきら》めもしますが、頼る子とて無き妻の行く末と、齢《よわい》、九十を越えた老母に先立つ逆縁《ぎゃくえん》の不孝を思うからデス。

光なき定期検診

毎月の定期検診を強《し》いられたボクは、心すすまぬままに翌十二月にも病院に行きました。薬石効《やくせきこう》有《あ》って、検診の度ごとに回復の兆《きざ》しが見られるというなら話は別ですが、〝万に一つも完治は無い〟というお墨付《すみつ》きですから、夢も希望もありません。

案の定《じょう》、検査の結果は果てしなく暗いものでした。

担当医「ウーン。やっぱり十三万に減ってますネ。これが十万を切ると非常事態ですから、何とかこの辺で下げ止まりにしたいですネ。是非とも頑張って下さい」

そりゃーボクだって、何も好き好《この》んで下げている訳ではないし、下げ止まりにしたいのは山々ですが、その方法が分らないから苦労しているのデス。

さしたる曙光《しょこう》も見えないまま、その年は暮れました。明けて正月の十日、三度目の検診に行きました。

担当医「エライことです。とうとう、血小板が十万を切りました。どうしますか?」

それはこちらが聞きたい科白《せりふ》で、お医者さんのコトバとは思えません。それ以降というものは、検診に行く度に、二万とか三万とか万単位で減っていくのです。

話は変わりますが、国民的流行歌手として、慕われた不世出の名歌手、美空ひばりさんも聞くところによると、日本武道館でラストコンサートを開いた時の血小板が、丁度十万だったと言いますから、その意味だけでいうならばボクはひばりちゃ

んを凌駕《りょうが》した事になります。(後で、その事をおふくろに自慢気に話したら、超えるなら、もっと外《ほか》の事で超えなさいと叱られた)

二月の検診の時でした。前触れもなくこれまでの担当医師から、院長に替わっていました。

院長「今日から、私が貴方の担当になりました。先程の検査によると病状は更に進み、血小板の数値が一万三千にまでなりました。これはもう、極めて危険な数値です。生きておられるのが不思議な程で、正に貴方は奇蹟の人です」

「奇蹟の人」などと褒《ほ》められて? ボクは一瞬、彼《か》の有名なヘレン・ケラーになった気分でしたが、考えてみると喜んでる場合じゃないんです。

院長「これまでは、月一回の検診でしたが、ことは緊迫して来ました。各週検診に変更します。早速ですが、来週の月曜日に来て下さい」

ボク「折角ですが、その日は職場講演を頼まれていまして……」

院長「ああ、そうですか。では止むを得ません。水曜日にします」

ボク「アッ、その日も宇治で理事会です」

多少憮然《ぶぜん》とした表情の院長、
院長「仕様がないですネ。では金曜日の午後という事でどうです？」
ボク「アレー。その日も会議で東京出張です。残念でした」
院長「佐野さん、貴方ね。気を確かに持って下さいよ。何で私が残念がらなくちゃならないんです。これは貴方の問題なんですからネ。それに今、御自分がおかれている立場を考えてみて下さい。やれ会議だの、講演会だのと言ってる場合じゃないんですヨ。御自分の命とその生長の家と、どっちが大切なんですか？」
ボク「ハアー。生長の家です」
しばらく〝ポカーン〟と口を開けていた先生が今度は、こりゃ〝アカーン〟と諦《あきら》めたようです。
院長「分りました。もう、これ以上は申しません。唯、カルテによると貴方は、生長の家の講師とかで、並の人より精神的にお強いと思われますのでハッキリ申します。貴方の余命は長くて一、二ヵ月と思われます。今の中に身辺の整理をしておいて下さい。

亦《また》、これだけは言っておきますが、貴方は出張も多いようですが、出張ということはホテルに泊まられますね。そのホテルへ泊まった時は、お願いですから、ドアチェーンを掛けたり、内鍵を掛けないようにして下さい。

何故なら、もし緊急の場合に、救急車が来て、あなたがもしお隠れになった時に搬出しようと思っても、ドアチェーンがかかっていたら、ドアを打ち壊さなきゃいかんということになるから、いつでも合鍵で開けられる状態にして置いて下さい。これだけは一つよろしくお願いしますヨ」

と、変な約束をさせられてしまいました。

このところの病状から、うすうすは予期していたとは言え、ここまでハッキリ宣告されるとは思ってもいなかったので、正直言ってショックでした。でも二日経《た》ち、三日経つと次第に落ちついて来ました。どうせ一度は死んだ生命。（四十年ほど前、肺結核で死にかけていた時、生長の家の教えに触れて救われた）それが使命あって今日まで生かされて来たのです。嘆《なげ》く涙があれば、むしろ感謝に変えなきゃ嘘だ！　こう気が付いたのです。（ここら辺りが並の人類とは、ちと違う処で、吾

れながら流石《さすが》という外《ほか》はありません）

起死回生の旅

家内との旅行を思い立ったのは、そんな或る日のことでした。思えば今日までの二十四年間、曲り形《なり》にも教化部長という要職を務め上げる事が出来たのは、偏《ひとえ》に家内の内助の功あったればこそ。満腔《まんこう》の感謝を込めて、想い出の旅行をしようと決めたのデス。

選んだ先は能登《のと》半島周遊コース、ホテルは知る人ぞ知る、二十五年連続で和風旅館日本一の賞を取ったという和倉《わくら》温泉〝加賀屋〟に決めました。そして起死回生《きしかいせい》の因《いん》となった回心《えしん》は、その夜、床《とこ》をのべに来たパートの女性によってもたらされたのです。

四十代の半ば頃なのでしょうかその女性、ニコニコ、テキパキ、楽しくて仕方がないといった仕事ぶりなのです。問わず語りによればこの女性《ひと》、病弱の夫と三人の子供を抱え、毎日、近くの会社で五時まで働き、夕食もそこそこに夜はこのホテルでパートとして働いているというのです。

そんなに働きづくめで、〝躰《からだ》の方は大丈夫？〟って聞いてみたら、

「そりゃー生身《なまみ》の躰ですから、探せばあちこち、何か、かにかとありますよ。でも人様《ひとさま》のように、やれ辛《つら》いの痛いの疲れたのなんて贅沢《ぜいたく》言ってはおれません。それにこれと言って特技の無い私なんかでも、こうして使って下さる方がいる。嬉しい、有難いと感謝して夢中だから、気が付いた時には消えているんです。アハハ……」

と屈託《くったく》が無いのです。まるで、生長の家の生き方そのままではありませんか。それに比べてこのボクは……何だかガツーンとばかり鉄槌《てっつい》を喰らわされた思いがして頭を抱えました。ボクだってその昔、教えに救われ入信した頃は、この女性《ひと》にヒケを取らないぐらいに明るく、イキイキと眼を輝かせていたものでした。それがいつの間にか幸せに狎《な》れ、仕事に狎れて生かされている感動を忘れかけていたのではないでしょうか。〝原点に戻れ！〟内なる声はそう力強く叫ぶのでした。

　話は変わりますが実を言うとボク達二人が泊ったその部屋は、ホテル加賀屋の四棟中でも最もグレードの高い、「雪月花《せつげつか》」棟の最高峰？　十九階にある別名「浜離宮」と呼ばれる一人一泊、七万五千円もする部屋でした。常には慎《つつ》ましくも七千円程度

のビジネスホテルや民宿しか泊らない身としては目ん玉飛び出し、鼻血ドバーの高額ではありましたが、今生《こんじょう》で夫婦最後の惜別《せきべつ》旅行となる訳ですから、金に糸目《いとめ》をつけてはおれません。

因《ちな》みにこの部屋、寝室の外《ほか》に、次の間や控えの間とか四室も五室もある特別室で、二時間おきに部屋がえして寝《やす》まねばなりません？　そして、これまで見た事も、喰べた事もない御馳走を戴《いただ》き贅《ぜい》の限りを尽くしました。それなのに、何故か心は快々《おうおう》として楽しまないのデス。それよりもむしろ、愛する夫のため、子供のため、汗水たらし身を削りながらも、いそいそと働くこの女性の方が遙《はる》かに幸せそうで、今更《いまさら》のように人の幸せは金や物の量ではないことを思い知らされたのでありました。

今だから告白しますが、実はこの時、ボクはもう一つ悩みを抱えていたのデス。それはこの大病を教区の信徒さん達にどう伝えるかという事です。心配かけるし出来る事なら余り知らせたくないのですが、いずれ分る事ですから、変に隠しだてはしない方が良いとは思います。でも信徒さん達の中には、教化部長をまるで神さまのように尊敬し、信頼して下さる人達が一杯います。そして困った時には、教化部長に指導を受ければ、何でも解決すると信じている訳です。

そんな信徒さん方にマサカ、〝実はボク難病に罹《かか》っていま死にかけているんです。どうしたら良いでしょう〞等とは、口が裂けても言えません。と言って、教区では自分がトップの立場ですから他に相談する術《すべ》もなく、その意味では〝教化部長は孤独だなあー〞とつくづく思ったものでした。

そして得た結論は、〝よし、この事は家内以外には誰にも言うまい。命ある限り、唯ひたすら任務を遂行しよう〞という事でした。

心が決まると、今までの不安が嘘のように消えて落ち着いてきました。そして神に心が振り向くという事はこんなことかと思うのですが、その時フト閃《ひらめ》いたのでした。

〝待てよ。去年の春（平成十五年五月）、ボクは生長の家副総裁、谷口雅宣先生から非常任理事の辞令を戴いた。そのことは神界に在《ま》します谷口雅春大聖師も先刻御承知の筈である。その全てを御見通しの先生が、間もなく死出《しで》の旅に赴《おもむ》こうとする者に新たな使命を与えられるだろうか？　そして「使命は与えるが、おまえの命については保証できないよ」等と無責任？　な事を仰るだろうか〟と考えた時、〝否々《いないな》、百万遍も否である。これはきっと新しい体験を通して、ぬるま湯信仰から飛躍せよという天意に違いない〟と理解したのです。

福井に帰ったその日から、余命を数えていたボクの生活は一変しました。善一元、神に全托の生活は、これまでの不安を一掃し、朝、ポッカリと目覚めると、〝夜中に死んでいても可笑《おか》しくないのに、朝、眼が覚めたら生きていた。シメタ。また一日儲《もう》かった〟と家内と手を取り合って悦び合うのでした。

行《ぎょう》の方も徹底厳修《げんしゅう》に務《つと》めました。先ずは払暁《ふつぎょう》四時三十分には起床、洗面。五時十分から家内と共に仏壇前で神想観と聖経読誦《とくじゅ》し先祖供養に心を込めました。そしてもう一つ〝ありがとうございます〟の一日一万回誦行《しょうぎょう》に挑戦したのです。(これは、流石のボクも通常勤務の合間を縫《ぬ》っての誦行ですから到底ムリで、その旨《むね》、先祖の了解を取って？　五千回に下方《かほう》修正しました)

忘れもしません。それは翌三月の事でした。いつもの定検で、検査資料を見詰める院長の目ん玉が点になっているのです。

院長「アレレ、世にもあるまじき事態が起っています」
ボク「何です。どうしました？」
院長「先週一万三千ぐらいだった数値が、どういう訳か三万に増えています。こんなことある筈が無い。佐野さん貴方、何か変わった事しましたか？」
嬉しさで飛び上りたい衝動《しょうどう》を抑えながら、ボクは笑いを噛《か》み殺していました。何故なら、〝この病気だけは治療の方法は無い。どんな努力しても無駄。ムダな抵抗は止めよ〟と言ったのは先生の方だったからデス。それでも、何度も同じことを聞くので、
ボク「変わった事と言えば、心が変わりました」
と言うのですが、幾ら言っても、
院長「そんな事で……」
と信じてくれないのデス。そしてその後も、四月、五月と定検に行く度に、
院長「アレッ、七万に増えました。アレッ、十万に増えました」
と増え続け、遂に五月の全国大会終了後の検査では、目を丸くした院長先生から、

院長「アレー。十七万。遂に十七万に戻ってしまいました」

と、まるで戻ったのが口惜《くや》しいような、変な完治《かんち》宣言を受けたのデス。

その年も暮れようとする十二月の下旬の事でした。、吉田晴彦理事長（現参議長）から、〝貴殿を本部練成道場の総務として任命する〟という辞令を戴いたのです。ボクはその時初めて、〝ハッ〟とある重大な事に気付いたのです。〝あっそうか。本部練成道場というところは、色んな問題を抱えた人々、特に難病、奇病に苦しみ、藁《わら》をもすがる思いでおいでになる方もいる。そんな人達の切なる思いを受け入れ、柔らかく暖かく包み込んで力になって差し上げる〟ボクにはそんな使命が与えられたんだなということでした。二度までも救われたこの命、これからは余生《よせい》を与生《よせい》に代えて、命ある限り報恩感謝の日々に明け暮れたいと思うのデス。　——如是《によぜ》合掌——

第五章　ユーモア先生偶感の巻

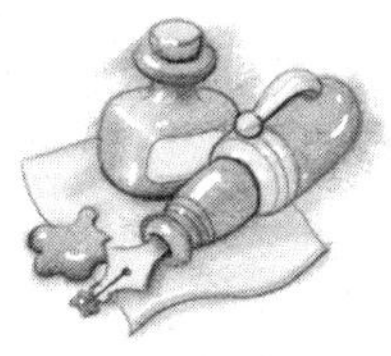

初め善ければ……

全国の「魂のふる里飛田給会員?」の皆さま方に於かれては、さぞかし輝かしい新年を迎えられたことと祝福申し上げたい。

とりわけ、ここ数年、正月といえば〝旅行〟と言われるほどの旅行ブームだが、海外旅行にも出掛けず温泉旅行にも行かず、一年のスタートを只ひたすらに〝飛田給で真理浴を〟と集まられた方々に、限りない祝福と感謝の念を捧げたい。

ところでボクの好きな諺《ことわざ》で〝初め善ければ全て善し〟という諺がある。

「エッ、エッ、初め善ければ? そんな諺、聞いたことない。日頃から博覧強記《はくらんきょうき》を自負する先生としたことが何たる誤用、それを言うなら〝終り善ければ全て善し〟でしょう」

と教えてくれた人が居る。有難いことだ。

そう、確かに俗言ではそう言われている。でもボクとしては、あの〝終り善ければ……〟という諺にはある種の抵抗感があるのである。何故ならば、あの諺の言外《げんがい》に何となく「始めチョロチョロ、中、パッパ、尾張（終り）名古屋で火がボウボウ」の感、無きにしも非《あら》ずと思えるからだ。

つまり、〝初めは多少チャランポランやっていても、中で少々ボルテージを上げ、終りにきちんとツジツマが合えばいいじゃない〟という感じがするのである。（いえ何、断っておくが、これはあくまでボクの独断と偏見であることを付記して置きたい）

そこへいくと、〝初め善ければ全て善し〟というコトバには、何処《どこ》となく未来の祥《しょう》福《ふく》を約束するような期待感と、〝ホントね〟と思わせる説得力がある？

しかし、〝そんな諺、聞いたこと無い〟と言う人が居る。それもその筈《はず》、この言葉、ボクが今年つくったばかりの新諺《しんことわざ》だからだ。

話は元に戻るが、世の中全て初めが肝心《かんじん》である。あの『聖書』にだって、宇宙創造の第一原因として、〝初《はじめ》にコトバあり〟と書いてはあっても、〝終りにコトバあり〟とは記《しる》されてはいないではないか。

谷口雅春大聖師も、機関誌の法語「運命はこうして作られる」の中で、〝最初が大切である〟と、次のように示されている。

「毎日、小善を行うことを忽《ゆるが》せにせざれば、遂《つい》にそれが積りて善き人格を養成し、見えざる天の倉に善きものを貯《たくわ》え、結局自分の運命が好転するのである。自分のこしらえた善業が常に自分のよき友達である」

また次のようにも説かれている。

「最初が大切である。最初に一寸《ちょっと》したはずみに行ったことが種となって、同じようなことがくりかえされる」（機関誌「生長の家相愛会」平成9年3月号24頁～25頁）

さて読者の皆さま方は、年の初めに、どんな善行のスタートを切られたのであろうか。果てしない想像の雲が広がっていく。

別府正大先生を偲ぶ

霊界とかけて何と解《と》く。〝アメリカン大リーグのスカウト〟と解く。その心は？
〝良い選手（善い選士）と見たら矢鱈《やたら》と持って往《い》く〟野球選手と霊の選士との違いこそあれ、〝サッ〟と持って往くところは共通で、持って往かれた方の被害は甚大《じんだい》で、たまったものではない。

別府先生との出会いは、ボクが生長の家本部青年局で、「理想世界」誌の見習い編集員だった頃で、当時日本教文社の第一編集部部長だった先生に随分可愛がって頂いたものでアル。

その割には不覚にも、何年もの間、その尊名《そんめい》を別府《べっぷ》正大先生《ただしだいせんせい》と読み違えていた。（すみません）
中でも忘れられないのは当時、ようやく幼少年向きの「理想世界ジュニア版」が発刊されることになり、〝ハテ、誰を初代の編集主任とするか〟との人選が始まった。
――と、その時、谷口雅春先生に、
「人間はちょっとばかり変っていてオッチョコチョイの所がありますが（当りィー）、若さと言い、感性と言い、青年局の佐野君以外には考えられません」
とばかり、強力推薦《すいせん》してくださったのが誰あろう別府正大《まさとも》先生であった。
亦《また》、人柄も優しく誰からも好かれる善い人で、毎月の責了日には教文社の近くのそば屋で、当時は未《ま》だ薄給《はっきゅう》だったボク等《ら》に、よく大盛りの丼物《どんぶりもの》を奢《おご》って下さったものだ。（ボクにとって、奢ってくれる人はみんな善い人である）
あちこちの教化部長を歴任され、晩年は全国講師となられたが、飛田給に帰ってきたボクとの縁は切れることなく、ほぼ毎月のように出講して頂いた。その度に感じ入ることは、講話の一時間前には早々と来場され、大拝殿で身も心も浄めて（御本人の弁）講話に臨《のぞ》まれる。亦《また》、講話が終わったからとてボク等のように、脱兎《だっと》の如く〝ハイさよなら〞される訳ではない。何と今度は奉納金を払って、参加者の体験談を聞き、道場講師の講話を聞いて帰られる。〝何故に？〞と聞けば、

「どんな人の話にも、キラリと光る宝石があって勉強になる。それに、こんな私の話でも一所懸命聞いてくれる人達が居る。唯々有難くて感謝の外《ほか》は無いから……」

と言われる。練成に携《たずさ》わる者として、いささか耳が痛い思い。頂門《ちょうもん》の一針《いっしん》として受け止めたいと心に誓った。

それにしても、谷口雅春大聖師御夫妻をはじめ、恩師の徳久克己先生など、徳の高い方は何《いず》れも卒然《そつぜん》としてこの世を去られる。高級霊の定めとは思うが、もう少し早目に教えて頂けないものだろうか？　こちらとしても心積りがあるからだ。

別府先生にしても平成十八年十二月六日、亡くなられる六日前には元気な様子で総務室に立ち寄られ、いつもの温容交りのコトバで、

「佐野先生は良いナアー。こんな聖地で、こんなやり甲斐のある仕事が出来て。よっぽど前世で徳を積んだのかなあー」（多少疑わしそうな目付きをして……）

そんなボクの感慨《かんがい》を他所《よそ》に、今頃きっと天界で、得意のバンザーイを三唱しておられることであろう。そんな先生を偲《しの》び、天界での至福《しふく》を願いボクも声高に叫びたい。〝別府正大《まさとも》先生、霊界誕生バンザーイ！〟

春告鳥《はるつげどり》に問う

どうもこのごろ様子が可笑《おか》しい。何が可笑しいって、ボクの頭のことではない。マアー厳密に言えば多少おかしくない事も無いこともナイが、それは今に始まったことではなく、吾れ未《いま》だ母の足乳根《たらちね》に戯《たわむ》れし頃からだが、そんな次元のことではなく、もっとグローバル？　な意味での可笑しさでアル。

この一、二年というものは、鳥の鳴き声と言えばせいぜいサギか烏、あるいは雀か鳩と決まっていて近年とんと、うぐいすの声を聞くことはなかった。だから最初、それらしき鳴き声を耳にしたときは単なる空耳《そらみみ》かと上《うわ》の空《そら》で聞いていたのだが、まんざらそうでも無いらしく改めて耳をそば立てて聞いてみると、その美声といい、節回しと言い、正に春を告げるあの〝うぐいす〟の声に違いない。

〝へえー、うぐいすかー〟とばかり、しばしウットリとその名鳴《めいめい》に聞き惚《ほ》れていたが〝ハッ〟とばかり正気に返って呟《つぶや》いた。

「これは重大な季節違反ではなかろうか？」

そもそも、このうぐいすという鳥は別名、〝春告鳥《はるつげどり》〟と呼ばれる如く、本来なら春未だ浅き二月か弥生《やよい》三月、梅の小枝に止って鳴くを由《よし》とする。それかあらぬか昔の国民小学校の唱歌《しょうか》にも、〝梅の小枝でうぐいすは　春が来たよと唄います　ホウホウ　ホケキョ　ホウ　ホケキョ〟とあるではないか。それを四月も半ばを過ぎた今頃になって囀《さえず》るなんて、時世時節《ときよじせつ》を何と心得るのか、慨嘆《がいたん》に堪《た》えない。

ついでだからもう一言《ひとこと》いわせて貰うと、止り木に対する選択も、今ひとつ不適切ではなかろうかと疑問が残る。何故なら古来より大和の国日の本のうぐいすは、止り木は梅の小枝と相場が決まっており、その連綿の伝統は決して揺らぐことはなかった。それなのに、おおそれ見よ！　昨今のうぐいすときたら、松で鳴くわ、竹で鳴くわ、或いは桜で鳴くわと、日本のしきたりとか、文化を護ろうという姿勢がまるで見られないのでアル。こんなことで日本の春は、そして日本の未来はどうなる。次世代を担《にな》う若いうぐいす達に深く反省を求めるものでアル。

そんなこんなで悲憤慷慨《ひふんこうがい》しているボクに、ある職員が慰め顔で言った。

「マアマアー総務、これも時代の流れじゃないですか。人生も鳥生《ちょうせい》も亦《また》、同じく無常デス。それに昔の常識、今の非常識と言われますが人も鳥も、今にして戦後教育のツケが回って来たと言えるのでしょう」

等と穿《うが》ったことを言う。ウーム、うぐいすが進んでいるのか、それとも案外、ボクの考えが遅れているのか。これはもう後世の英邁《えいまい》たちの判断に委《ゆだ》ねる外《ほか》はナイ。

うぐいす殿に謝す

先月号の偶感で「春告鳥に問う」と題して、今様《いまよう》の〝うぐいす〟の怠慢を叱ったら、日野市にお住いの前谷雅子さんという方から読後感想文が寄せられ、反対に叱られた。いいえ、叱られたというよりは、うぐいすの生態の実情を教示して下さり、曲解をやんわりと諫《いさ》められた。目から鱗《うろこ》が落ちる思いだ。（これでウロコ落ち三回目）

知らぬこととは言え、〝うぐいす殿〟には名誉を傷つけ、大変失礼をば致しました。吾が身の浅学《せんがく》を恥じ、心からお詫びを申し上げたい。

実のところ、あれだけ言いたい放題書きなぐった手前、いささかバツの悪い思い無きにしも非ずだが、このまま口を拭《ぬぐ》って知らぬ顔の半兵衛を決めこむ事は出来ぬ性質だし、もう一つには、ボクの偶感を読んで〝吾が意を得たり〟と膝を叩き同感の文を寄せてくれた〝万余の読者？〟にも、事の真実を詳《つまび》らかにする義務を感じるので、ここに前谷さんの御教示を公開することにした。（御本人の了解ずみ）

「いつも情報誌〝飛田給〟楽しく拝見させて頂いております。（ホント、有難うございます。こちらも励みになります）

所で、うぐいすの鳴き声の件ですが、二月頃は未だ、〝ホーホケキョ〟とは鳴かないと思いますヨ」（エッ！　ホントですか。そりゃまた何で？）

「『梅に鶯《うぐいす》』というのは画題のことであって、実際に梅の木に鶯が飛んで来ることは余り無く、一般にはメジロのことが多いと思われます。」（ギョッ、画題とは恐れ入ったナアー。ボクとした事が、花札に描いてある図柄をそのまま信じたのが浅はかであった）

「鳥の専門家ではないので、余りハッキリしたことは言えませんが、四月にウグイスが梅の木以外に飛んでくるのは、ごく自然のことと思います。」（ガーン）

「我が家の庭でも、四月にはあちこちから〝ホーホケキョ〟と鳴くウグイスの声がして、天国浄土の感が致しました。
話は変わりますが、三月号の『吹雪の函館空港に佇《た》つ』を読み、文中の〝飛行機着陸の祈り〟本当に素晴らしく、私もあゝありたいと思いました。実は四十二年前の『理想世界ジュニア版』時代から、先生のユーモアに魅せられている前谷雅子より」

いやー、参《まい》った、参った。何が参ったといって、同じように庭に飛来したウグイスを迎えても、片やその美声に酔いしれ、地上天国を実感する人があるかと思えば、片や季節違反だの、伝統知らずだのと糾弾する。この彼我《ひが》の違いをつくづくと思い知らされた事である。

それにしても、豊かな知性をひけらかす風でもなく〝ギャフン〟と落ち込ませる訳でもなく、やんわりと事の真偽《しんぎ》を諭《さと》し、返すコトバで〝機中の祈り〟を讃えてくれる人が身近に居るなんて、何と有難いことか。今更《いまさら》の如く、『自分以外は全て師である』という言葉を自戒と共に噛みしめている昨今である。

ボクには魂の故郷が二つある

人には誰でも生まれ育った故郷というものがあるだろう。そして、何かの事情でその故郷を離れることがあったとしても、遥《はる》かに山を仰いで川を見て、或いは月を眺《なが》めて星を数え、遠く故郷のようすがを懐かしむものだ。

ところが、ボクにはその故郷とおぼしきものが無い。いえ、無いと言ったって、本当に無いのならこの世に居ない訳だが、世間、一般論で言えば無きに等しいと言えるのだ。

それと言うのも、いま風にいう転勤族だった父は、結婚して間もなく宮崎県の延《のべ》岡《おか》市でボクを生み落すと、いえ間違い。生み落したのは母の方で、その母を連れて今の中国に渡り満州建国の壮途《そうと》についたのであった。

その間、ボクは熊本の祖父母（母方）の許に預けられ、何不自由なく幼年時代を過したがこの頃が一番楽しかったように思える。

やがて満州の政情が落ち着いたということで両親の許《もと》に引き取られたものの、今の北朝鮮、韓国、再び満州へと父の転勤は続き首都の新京で終戦を迎えた。そして昭和二十一年引き揚げ船で熊本に帰って来たのだが、また直ぐに大分県の別府へと移り住んだ。

ことほど左様に、別府以外は三年と定住した記憶はなく、従って懐かしむ故郷も無いという訳である。

だからという事もあって、日本の映画史上、空前のヒットとなったあの〝寅さんシリーズ〟の中で「生れも育ちも柴又の………」と小気味よく啖呵《たんか》を切る、フーテンの寅さんを見るたびに、〝あっ、故郷が有るって良いものだなあー〟と限りなき憧憬《しょうけい》の念を抱いたものである。

そんな様子を憐《あわ》れんでか？　公平の神はボクに魂の故郷なるものを二つも与えて下さった。一つはボクを育ててくれた飛田給であり、もう一つは祖霊在《ま》します宇治別格本山である。

ボクと宇治との霊縁は事更古く、初代総務の嘉村俊熙《かむらとしひろ》先生の頃だから、十年を一《ひと》昔《むかし》という尺度で計るなら、もうかれこれ三昔か四昔も前のことになる。

当時、飛田給の長期練成員だったボクは、十日間の練成会が終ると自ら志願して、毎月のように宇治に行き、二つ目の練成道場として開設されたばかりの宇治練成会に参加したものだ。練成会と言っても、当時はその殆《ほとん》どが野外献労で、山を切り崩しては平地を開き、モッコ担《かつ》いでは土石を運ぶといったものである。

その頃から、謂《いわゆ》る〝色男、金と力は無かりけり〟のタイプで、細身の知性派だったボクには？　肉体的には随分過酷な重労働であったが、何故か楽しくて堪《たま》らず、後にこれを称して〝魂の悦び〟というのだと知った。

また、今では習い性となったが、宇治に行ったら必ず立ち寄る処がある。〝神癒《しんゆ》の社《やしろ》、入龍宮幽斎殿《にゅうりゅうぐうゆうさいでん》〟である。

広々とした拝殿に一足踏み入れると、そこは唯《ただ》、それだけで言い知れぬ安らぎに包まれ、俗界の如何《いか》なる労苦も懊悩《おうのう》も、まるで泡沫《うたかた》の夢の如く、その静謐《せいひつ》の中に吸い込まれていくのが分かる。

時を忘れて瞑目《めいもく》することしばし……。どれほどの時が流れたのであろうか。〝フト〟幽境より覚めて現実に還る。この時つくづく、〝時間というものは、過ぎ往く時の長さを指すに非《あら》ず、それは単なる認識の形式に過ぎず〟という聖句の一片を、いまさらの如く思うのであった。

重ねて言う。ボクには魂の故郷が二つある。善哉《ぜんざい》、善哉《ぜんざい》、善哉《よきかな》、善哉《よきかな》。

もう一つの使命？

つい先日のこと。何となく躰《からだ》がだるいので、ひょっとして風邪かも知れないと思って熱を計って見たら三十七度二分だった。この程度の微熱《びねつ》なら、しばらく様子を見てと思わないことも無かったが、まだまだこの後も練成は続くし、週末には出張の予定もあったので、〝何事も用心に如《し》くはない〟とばかり病院に行くことにした。

病院といえばこの近辺、慈恵《じけい》医大とか杏林《きょうりん》病院といった、今をときめく大病院もあるにはあるが、純正《じゅんせい》？　の風邪という訳でもなく、所謂《いわゆる》、〝風・邪・も・ど・き〟程度なので近くの個人医院で済ませることにした。

そこで、早速、市から出ている病院、医院一覧をもとに、選びに選んで決めたのが至近距離に在るOK病院。確か三十年ほど前に一、二回行ったことがあるが、院長は当時でさえ六十を優《ゆう》に越えておられたから、よもや存命とは思えず、仮に存命にしても恐らくリタイヤされ、診療は二代目か三代目に代替りしているに違いない。古い木造平屋《もくぞうひらや》建てのドアーを開けて驚いた。連休明けの月曜日とあって、さぞかし順番待ちの患者達でゴッタ返しているに違いないと覚悟して来たのに意外や意外、待ち合い室は閑散《かんさん》として人影すら無いのである。〝南無三仕舞《なむさんしま》った。ここは月曜日までの三連休であったか〟思わずホゾを噛んだボクが踵《きびす》を返そうとしたその時である。診察室と思《おぼ》しき部屋から怒声《どせい》が聞えてきたのでアル。

声A「ホラホラ、ダメじゃないの急に立ち上ったりしちゃー。だから立ちくらみするのよ。いつも言ってるデショ！」

声B「うん」

声A「また倒れても知らないわよ！」

声B「分った……」

どうやら先着の患者が先生に叱られているようでアル。でも叱られているにしてもこの患者、先生に対して〝うん〟とか、〝分った〟とか、妙に馴々《なれなれ》しいのが耳障《みみざわ》りである。それは別として、院長が女医だったとは意外であり、幾ら昔のこととはいえ、人間の記憶なんて極めていい加減なものである。

そんなこんなに思いを巡らせていると、ようやく奥から、看護師なのかお手伝いさんなのか分別《ふんべつ》つけにくい中老の女性が出て来て、

「アーラ珍らしい。お宅患者さん？」

と聞く。〝そうだ〟と答えると、未だ、さっき叱られていた患者が出てこないというのに、

「なら、どうぞ」

と呼び込まれた。驚くべし、待ち時間零分《ぜろふん》である。ところが、中に入ってみて更に驚いた。叱られていた人というか患者が何処《どこ》を探しても居ないのでアル。いや、人は居るには居るのだが、そこに居るのは、齢《よわい》、九十を遙《はる》かに越えたかと思われる白《びゃく》衣《い》を着た老男性と、その後に梅干しを二度干《ぼ》ししたような、しわくちゃの老婆が口

をへの字に曲げて座っているだけであった。（長谷川町子の漫画に出てくる〝いじわるばあさん的風丰《ふうぼう》〟）

唖然《あぜん》としたのは一瞬で、頭の回転の早いボクは？　突嗟《とっさ》にその場の状況を呑み込んだ。叱っていたのは女医ではなく、高齢の夫を思う老妻で、叱られていた方が当、ＯＫ病院の老先生に違いない。

老先生「何を突っ立っている。早く座りなさい」

老妻に叱られたのを聞かれたと知ってバツが悪いのか、何とかここで威厳《いげん》を取り戻そうと、急にそっくり返って威張って見せる姿が妙にいじらしく思わず〝クスリ〟と笑ってしまった。

老先生「何が可笑しい！」

ボク「いえ、別に……」

老先生「でも、いま笑った」

ボク「別に意味はありません」

老先生「なに、意味が無い？　男は意味なくして笑うものではナイ！」

ボク「ハアー、すみません」
老先生「ところで何しに来た」
ボク「へっ？」
この世に生を享《う》けて六十有余《ゆうよ》年、病院に受診に来て、〃何しに来た〃と問われたのは初めてである。
ボク「体調が勝《すぐ》れず来ました」
老先生「勝れないのは躰《からだ》じゃなくて気分の方じゃないかネ。見たところ顔も良いし、いや間違い、顔色も良いし、第一、足許もシッカリしているじゃないか」（立ちくらみの先生と一緒にしないで下さい）
ボク「ちょっと風邪気味だし、出張もあるので、薬でも頂こうと思いまして……」
老先生「ひどい風邪なら兎《と》もかく、風邪気味ぐらいで簡単に病院に来るもんじゃない。第一、薬でもとは何ごとじゃ、わしは、〃でも〃では薬は出さん。何じゃ、これしきの風邪、自分の生命力で治しなさい。以上おわり」
驚くべし。診療時間三分と三十秒でアル。乗り物に乗り継いで、ようやく辿《たど》り着いた大病院では、待ち時間一時間半か二時間、おまけに診療時間は五分足らずという現状にあって稀有《けう》の存在と言えよう。追い出されるようにＯＫ病院を後にしたボクは、いつも自分が人に説いてる事を逆説され、苦笑いしながら思うのであった。

むかし仁術《じんじゅつ》、いま算術《さんじゅつ》と言われる医療現場にあって、こんな非採算主義《ひさいさんしゅぎ》の医者も珍らしい。然《しか》も頑固一徹《がんこいってつ》、この調子で患者を叱りつけるから、優しさに狎《な》れた患者達の足も遠のくのであろうが、今どき貴重な硬骨《こうこつ》の医者ではなかろうか。

しかし、こんな調子で患者が一人も来なくなったらどうしよう。こんな赤ヒゲ的町医者の存在を、一人でも多くの人々に伝え、安易な医療依存の弊害《へいがい》を知らせなくてはいけない。どうやら、国際平和信仰運動推進の外にもう一つ、ボクの新たなる使命？　が増えたようだ。

うちのカミさん

うちのカミさんは、どちらかと言えば性格美人でアル。何てたって底抜けに明るい。こんな時にどうしてあんなに笑えるのだろうと思う程で、こちらが落ち込んでいる時など、〝たまにはシンミリ付き合ってくれたらどうだ〟と思うのだが、そんな時でもニコニコ、ケラケラ笑っている。あんまり口惜《くや》しいから〝このノー天気め。便所の百ワット（明るすぎる）〟と悪態《あくたい》をつくのだが、自分に都合よく聞き違えて〝ノー電気よりも、百ワットの方が明るくて社会のためヨ！〟とばかり一顧《いっこ》だにしない。美事《みごと》なものでアル。

生長の家の教えによると、〝夫婦は性格が違うから巧《うま》くいく〟とあるが正に然《しか》り、吾が家もいろいろと違っていて面白い。例えば練成道場という職場柄、全国各地からの到来物が多いが〝これはお美味《いし》しい。後でゆっくり……〟等と楽しみにしているると即、無くなって了《しま》う。いえ何、別にうちのカミさんが全て喰べ尽くす訳ではなく、直ぐ人に上げてしまうからである。ボクはどちらかというと戴くのが好きだが、(徳久先生ゆずり) うちのカミさんは矢鱈《やたら》と人に上げるのが好きときている。これを医学用語では、〝上げたい。上げたい症候群〟と言うらしい?

また、食のスタイルも正反対である。例えばボクは、玉子焼きとか刺身とか、あるいは明太子とか、数の子とか言った超大物は最後に食し、南瓜《かぼちゃ》、大根、イリコにゲソといったその他多勢の俗物《ぞくぶつ》から先に手を出す。これは〝楽しみは須《すべか》く後にすべし〟という先憂後楽《せんゆうこうらく》の家訓から来た習い性であろうか。

ところが、うちのカミさんは逆でアル。好きな物からパクついて、序々にランクを落していく。不思議に思って〝何故に?〟と聞いたら、〝地震、雷、火事、台風、人生いつ何が起るか分らない。喰べられる時に喰べて置かなきゃ、悔《くい》を(食いを)

千載《せんざい》に残すことになる〃と宣《のたま》う。マァー、危機管理意識という面から見れば評価に値《あたい》するのだろう。

テレビ等の視聴傾向も、好みの違いは歴然でアル。ボクはどちらかと言うと、時代劇とか野球とか、たまにではあるが推理ものを好みとするが、うちのカミさんはそんなものは一切見ない。ニュース番組とか、歌番組、或いは明るいドラマに料理番組とかで視るものが限定される。それでは知的レパートリーが狭くなるから、もっと広げたら、と進言するのだが、時代劇や推理ものは、バッタバッタ人を斬ったり撃ったりで、人を殺《あや》めることに恬《てん》として恥じるところが無い。そこが厭《いや》だという。でも、「水戸黄門」だけは、幾ら斬られても傷は浅く、死なないし、助さんは刀背《みね》打《う》ち、格さんは当て身で流血なしの大暴《おおあば》れの勧善懲悪《かんぜんちょうあく》番組だから例外のようである。

また、うちのカミさんは一見、とても従順でアル。決してボクの言うことに逆《さか》らったりしない。何かがあってボクが叱ったとする。そんなとき、決して泣いたり喚《わめ》いたり、はたまた拗《す》ねたり膨《ふく》れたりはしない。それなら何でも言いなりの無条件降伏かというとそうでもない。大要次の如しでアル。
ボク「また忘れてる。だからあれほど言っただろ！」
カミさん「アラッ、ホントね。それはいけません。これから気を付けましょうネ」
ボク「うん」
待てよ。何となく可笑《おか》しいのでアル。これではまるで、ボクが間違いをおこし反省してることになるではないか。そこで気を取り直してもう一度言ってみる。
ボク「いいかい。人の言うとき、上《うわ》の空で、ちゃーんと聞いてないからこんなことになるんだよ。分ったネ」
カミさん「ホントホント仰《おっし》る通り。上《うわ》の空じゃなく、シッカリ聞かなくちゃいけません。でも、人間って時々そういうことってあるのよね。お互い気を付けましょう。分ったわネ」
ボク「うん分った」
どうして最後はこうなるんだろうと不思議に思って分析してみて始めて気が付いた。それは最初に逆らわないで、フワーと受けておいて、こちらの油断の隙《すき》に自分のペースに持ち込むという特技があるからだと。

そんなうちのカミさんだが、居なくなると困って了《しま》う。さだまさし唄うところの「亭主関白」のフレーズではないが、つくづく思うのだ。

「俺より先に死んではいけない！」

（注・この「偶感《ぐうかん》」はネタ切れの〝窮余《きゅうよ》の一策内輪話《いっさくうちわばな》し〟につき、誌友会等で「夫婦調和」等の題材として使われるべき高尚《こうしょう》なモノではありません。右、念のため）

上げてよかった！

先日の道場休のことである。家内から〝ちょっと外出したいので、今日のお昼は外でして下さい〟と宣告された。

こんな機会は滅多にないので、思いっきり遠出も考えたが、何さま一日だけの短期休日なので県外とか海外という訳にもいかず、沈思黙考《ちんしもっこう》することしばし、結局は多少、陳腐《ちんぷ》の感は否《いな》めないが近・短・安の外食三原則に従って飛田給駅前の大衆レストランに決定した。

この店は、牛どんで有名な吉野屋と競合《きょうごう》する全国チェーンであるが、メニューの多彩《たさい》と廉価《れんか》の故か、若者だけではなく吾々後期中年者？　にも広い支持を受けているようだ。
テーブルに着いたボクは、一瞬のためらいもなく、〝納豆定食を下さい〟と発注？
する。そこには微塵《みじん》の躊躇《ちゅうちょ》も逡巡《しゅんじゅん》も無い。日頃の修行で〝迷い本来無し〟が身につ
いているからであろうか。吾れ乍《なが》ら美事という外《ほか》はナイ。
ところでリクエストの中味だが、〝納豆定食〟といってもバカにしてはいけない。
肩書きこそ納豆定食だが、納豆の外に、シャケ、海苔《のり》、生玉子、おみおつけに漬け
物と五品もついて、たったの四百三十円という謙虚《けんきょ》さなのだ。こんな廉価で採算と
れるのだろうかと人ごとならず気が揉《も》めるところでアル。
食も佳境に入った頃、フト、この店の株主優待食事券があった事を思い出した。
早速カバンを開けてみたところ、有った、有った、五百円の食事券が六枚もあるで
はないか。〝やれ嬉しや〟とばかり有効期限を見てギョッとする。何と五月三十一日、
本日限りなのである。
さあー弱った。いつもなら、奉仕員や研修生に上げて喜ばれるところだが、今は

休日の午後、みんな出払って誰もいない。だからといって自分一人では使い切れないし、使わなければ折角の食事券（三千円分）が、唯の紙切れとなってしまう。そんな勿体《もったい》ない事するよりは、店内の客人達の誰かに贈らせて貰おうと見回わした。

すると居ましたよ。居ました。ボクの直ぐ近くの席で、何やらゴソゴソと袋の中を探し物している初老の御婦人が……。よく見ると、一見淋し気な風情《ふぜい》で身体に障害でもあるのか、テーブルには身障者用の杖が立て掛けてあった。この幸運の食事券はこの人に決めたとばかり声を掛けた。

ところが意外や意外、折角の贈物、さぞかし喜んでくれるかと思いきや、何だか素気《そっけ》ないのである。

「何も私にじゃなく外《ほか》に誰方《どなた》か差し上げる方は居ないんですか」とか、「貴方《あなた》が亦《また》、夜にでも使えば良いじゃありませんか」等と甚《はなは》だ有り難迷惑そうなのだ。

考えてみれば無理もない。こんな御時世《ごじせい》である。見も知らぬ赤の他人が三千円相当の金券を只《ただ》でくれようとしているのである。〝巧《うま》い話には罠《わな》がある。何か下心があるのでは……〟と思われたのかも知れない。ここは諦めて他の人に――と引っ込

めようとしたその時、

「それほど迄《まで》に仰《おつしや》るのでしたら遠慮なく頂いときますわ」

と散々勿体《もったい》ぶって頂いて呉れた。別に、〝それほど迄に・・・・・・〟と言われるほど何回も勧めた訳ではなく、たった一回きりなのに――でアル。

それから数分後のこと。先に食事を済ませたボクが、食事券で会計を済まして店を出ようとしたその時でアル。今の今までバッグの中を探し物していた件《くだん》の女性が杖を蹴っ飛ばし転《まろ》ぶが如く飛びついてきて言うのであった。

「あのー、先程は有難うございました。実は孫に土産の丼物《どんぶりもの》でもと思っておりましたら、幾ら探しても財布が無いんですの。恐らく落したか、スラれたかどちらかでしょう。もし貴方に食事券頂かなかったら私、この店出れない所でした。本当に頂いて良かったデス」

若い人も含めてそのとき店内には、外に多勢の人が居たにも拘わらず、何故かこの人に上げたくなったのは、〝神さまが全てを御存知だったからに違いない〟そんな気持に駆られ〝あながち善意の押し売りも悪くはないか〟と納得した休日であった。

夏みかん

三月一日、総本山から帰飛するを待ちかねたかの如く？　加藤富子講師がやって来た。例月二十八日に道場で行っている故・谷口清超大聖師の総務代理墓参の報告である。報告によれば、当日の多磨霊園は雲間《くもま》から時折り射し込む陽光《ひかり》に、夜来の雨露を湛《たた》えた草木が、ゆらとばかりに戦《そよ》ぎ絶好の墓参日和であったとか……。そして、未だ早朝にも拘《かか》わらず、墓前にはもう幾束かの香華《こうげ》が手向《たむ》けられていたという。どうやら篤《とく》信《しん》の信徒さんに先を越されたらしい。それはともかく、肝心《かんじん》のお供物《くもつ》のことを糺《ただ》すと、

「道場産の夏みかん、確かに一旦は御指示どおりにお供えしました。然し、空を見

上げると烏《からす》や雨鳥《あまどり》が二羽、三羽、お供物狙《ねら》って旋回《せんかい》していましたので、一時間程お供《そな》えして持ち帰りました。お下《さが》り召し上がりますか？」

差し出された夏みかん、望む処と一気に頬張《ほおば》ったものの、余りの酸っぱさに思わず顔が歪《ゆが》んで了《しま》った。しかし、その反面、何故かボクの心は先生大好物のお下りを頂いて幸せ一杯であった。

想えばボクが初めて「紅富士《べにふじ》」というぶどうの逸品に巡り合ったのは、山梨救区の教化部長として赴任《ふにん》した一年目の秋のことである。色と言い、大きさと言い、形と言い、どれを取っても他の追随《ついずい》を許さず、ぶどうの中のぶどう、王者とも言うべきものであった。特にその豊潤《ほうじゅん》な味ときたら、彼《か》の巨峰《きょほう》やピオーネ等は足下にも及ばず、当時から幻《まぼろし》のぶどうと呼ばれた新種物である。

その幻のぶどう「紅富士」とボクは特に親しい関係？　にあったのでアル。――というのも、時の相愛会連合会長の小野成三さんが、ぶどう造りの達人で、商売用の農園とは別に教化部の窓際に「紅富士」のぶどう棚《だな》を造ってくれていたからであった。〝これは勿怪《もっけ》の幸いありがた山のホトトギス〟とばかり、喉の乾きを覚える度に窓を開けて千切ったものである。〃世の中にこんなにも美味しい物があったのか〃と堪能《たんのう》している中に、ボクは〃果物が何よりもお好き〃と聞く、谷口清超先生（大聖師）の事を思い出し、〃是非この幻の「紅富士」を先生に喰べていただきたい〃と熱願《ねつがん》する様になった。

そして時が来た。講習会の日でアル。早速食後のデザートにお出ししたのだが、余りにも緊張し、余りにもその甘さを強調し過ぎて、苦笑いされた先生から、やんわりと御注意を受けてしまった。

「あんたネ、果物は唯、甘けりゃ良いと言うもんじゃないんだよ。僕はどちらかと言うとむしろ酸味のある柑橘類《かんきつるい》を好みとするんだがね」

ギャフンと参ったのは言う迄《まで》もない。人は尊敬する人の嗜好《しこう》を真似るという。ボクの嗜好がこれまでの甘味より酸味の食を好むようになったのはそれ以来のことである。

最近、デパチカや、駅ナカの菓子売り場で、やたらとスイーツを売り物にする店が増えてきた。〃口中に広がるスイーツな味〃とか、〃スイーツな食感を貴方に〃といった調子である。そんな時、そんな店を横目に見ながらボクは心の中で叫んで通り過ぎる。

「キミ達ね。食物《たべもの》は唯、甘けりゃ良いというもんじゃないんだよー」

現代、救急車事情

二月も中旬を過ぎた或る朝のこと、府中市の母の入院先から急を知らせる連絡が入った。何でも昨日の夜半過ぎ辺《あた》りから、このところ安定していた母（九十六歳）の容態が急変したらしい。多分、内臓疾患《ないぞうしっかん》からくる症状に違いないとの診断から急拠、内視鏡検査をしたところ普通は胆管《たんかん》または胆嚢内《たんのうない》に出来る胆石《たんせき》が、食道をふさぐ様な形で発見され黄疸《おうだん》を併発している。事は急を要するが、当院では対応出来ず小平市《こだいらし》の専門医院に転院させたいので、家族に付き添って欲しいとの主旨であった。

年齢《とし》も年齢《とし》なので、かねてから覚悟はしていたものの、イザとなると、〃そのとき大将、少しも騒がず〟とはいかず、取る物も取り敢《あ》えず病院へ向かった。
着いてみると老母《はは》は既にストレッチャーに乗せられ、いま正に救急車に搬入されんとするところであった。促《うな》がされて同乗すると、待ちかねていたかの如く酸素マスクを被せられた。いえ何、ボクではなくて母にでアル（当り前）
家族に対する一通りの問診が終わると救急車は日頃聞き馴れたピーポーピーポーを鳴らし乍《なが》ら、静かにゆっくり走り出した。救急車といっても、搬送患者の容態次第《ようだいしだい》ではビュンビュン飛ばす訳にはゆかないらしい。そこが華《はな》の？　パトカーと違うところであろう。
しばらく同乗している中に、これまでボクが抱いていた救急車というものに対する概念の違いに気が付いた。一つは事故にしろ、急病にしろ、それらの人を運んでいる救急車が合図をして走っている以上、周囲の人や車は例外なく徐行、亦《また》は片側斜線に除《よ》けて停車するものとばかり思っていたら、それは数十年前までの、古き、昔の、いにしえの話だという。そう言われて見ていると成程、殆《ほと》んどの車や人は意に介しない感じなのでアル。否《いな》、それどころか、救急車の前を平気で横断する人や自転車がいて、その度に乗組隊員の人が〝ピーポ〟から〝ウーウ〟のサイレンに切り替えるのだが、それでも無視して突っ込んで来る車があって救急車はあわてて急ブレーキを掛ける。その度にハズレル酸素マスクを掛け直し乍《なが》ら、隊長らしき人はもう達観《たっかん》したような口調でいう。

「寂しいことです。最近は特に人への思いやりというものが無くなって来てるんじゃないでしょうか。その分、私たちの使命が大きくなったという事ですかネ」

〝使命〟吾々が日頃、好んで使うコトバだが、こんな処で聞こうとは思ってもいなかった。そんな感慨《かんがい》で改めて見ていると、何とも頼もしい働きぶりなのである。先ずは運転者、何時《いつ》、何処《どこ》で先き程の如き不心得者《ふこころえもの》が飛び出して来るか分からないので、耳はそば立て目は見開き、その表情たるや、戦場に赴《おもむ》く武士《さむらい》そのもの。隣の助手席の隊員はと見るや、マイク片手に〝救急車が通ります〟を連呼し、必要に応じてピーポから〝ウーウ〟のサイレンに切り替える等、常に真剣な状況判断を迫られている。また隊長は患者に付き切りで、車内搭載《とうさい》の機器（心電図）に目をやったり、脈を取ったり、酸素マスクへ送り込む酸素量を調整したり、実に一所懸命なのでアル。

〝いや、それが仕事だよ〟と言って了《しま》えばそれまでだが、〝人は他人の為に、これほどまでに懸命になれるものなのかー〟ボクは魂の底から突き上げてくる様な感動を覚えずにはいられなかった。

そして省《かえり》みるに自分が今、与えられている使命をこれほどまでに生き切っているかを想うといささか忸怩《じくじ》たるものがあるのであった。人生正に、自分以外は全て師である。（お陰で母は、内視鏡による食道内胆石粉砕《たんせきふんさい》手術という稀《まれ》に見る高度な手術が成功して、いま尚《なお》、存命でアル。如是《にょぜ》合掌）

ユーモア先生《せんせい》 起《き》死《し》回生《かいせい》の旅《たび》

発　行――――平成19年5月5日　初版第1刷発行
平成22年10月25日　改訂版第2刷発行

著　者――――佐野《さの》イチロー

発行者――――岸　重人

発行所――――株式会社 日本教文社
東京都港区赤坂9-6-44　〒107-8674
電　話03（3401）9111（代表）
03（3401）9114（編集）
FAX 03（3401）9118（編集）
03（3401）9139（営業）

頒布所――――財団法人 世界聖典普及協会
東京都港区赤坂9-6-33　〒107-8691
電　話03（3403）1501（代表）
振替＝00110-7-120549

装　丁――――松下晴美
装　画
本文イラスト――――玉井孝三

印刷・製本――――凸版印刷
JASRAC出0703808―701

ISBN978-4-531-06406-9　Printed in Japan
乱丁本・落丁本はお取替え致します。定価はカバーに表示してあります。

＊本書は、用紙に無塩素漂白パルプ(本文用紙は植林木パルプ100%)、
印刷インクに大豆油インク（ソイインク）を使用しています。

株式会社 日本教文社 〒107-8674　東京都港区赤坂9-6-44　電話03-3401-9111（代表）
日本教文社のホームページ　http://www.kyobunsha.jp/
宗教法人「生長の家」〒150-8672　東京都渋谷区神宮前1-23-30　電話03-3401-0131（代表）
生長の家のホームページ　http://www.jp.seicho-no-ie.org/

各定価（5％税込）は平成22年10月1日現在のものです。品切れの際はご容赦ください。